DINAMARQUÊS

V O C A B U L Á R I O

PORTUGUÊS BRASILEIRO

PORTUGUÊS DINAMARQUÊS

Para alargar o seu léxico e apurar
as suas competências linguísticas

5000 palavras

Vocabulário Português Brasileiro-Dinamarquês - 5000 palavras

Por Andrey Taranov

Os vocabulários da T&P Books destinam-se a ajudar a aprender, a memorizar, e a rever palavras estrangeiras. O dicionário é dividido em temas, cobrindo todas as principais esferas de atividades quotidianas, negócios, ciência, cultura, etc.

O processo de aprendizagem, utilizando os dicionários baseados em temáticas da T&P Books dá-lhe as seguintes vantagens:

- Informação de origem corretamente agrupada predetermina o sucesso em fases subsequentes da memorização de palavras
- Disponibilização de palavras derivadas da mesma raiz, o que permite a memorização de unidades de texto (em vez de palavras separadas)
- Pequenas unidades de palavras facilitam o processo de estabelecimento de vínculos associativos necessários para a consolidação do vocabulário
- O nível de conhecimento da língua pode ser estimado pelo número de palavras aprendidas

T&P Books Publishing
www.tpbooks.com

ISBN: 978-1-78767-370-0

Este livro também está disponível em formato E-book.
Por favor visite www.tpbooks.com ou as principais livrarias on-line.

VOCABULÁRIO DINAMARQUÊS
palavras mais úteis

Os vocabulários da T&P Books destinam-se a ajudar a aprender, a memorizar, e a rever palavras estrangeiras. O vocabulário contém mais de 5000 palavras de uso comum organizadas tematicamente.

O vocabulário contém as palavras mais comummente usadas

Recomendado como adicional para qualquer curso de línguas

Satisfaz as necessidades dos iniciados e dos alunos avançados de línguas estrangeiras

Conveniente para o uso diário, sessões de revisão e atividades de auto-teste

Permite avaliar o seu vocabulário

Características especias do vocabulário

- As palavras estão organizadas de acordo com o seu significado, e não por ordem alfabética
- As palavras são apresentadas em três colunas para facilitar os processos de revisão e auto-teste
- As palavras compostas são divididas em pequenos blocos para facilitar o processo de aprendizagem
- O vocabulário oferece uma transcrição simples e adequada de cada palavra estrangeira

O vocabulário contém 155 tópicos incluindo:

Conceitos básicos, Números, Cores, Meses, Estações do ano, Unidades de medida, Roupas & Acessórios, Alimentos & Nutrição, Restaurante, Membros da Família, Parentes, Caráter, Sentimentos, Emoções, Doenças, Cidade, Passeios, Compras, Dinheiro, Casa, Lar, Escritório, Trabalho no Escritório, Importação & Exportação, Marketing, Pesquisa de Emprego, Esportes, Educação, Computador, Internet, Ferramentas, Natureza, Países, Nacionalidades e muito mais ...

TABELA DE CONTEÚDOS

GUIA DE PRONUNCIAÇÃO

Letra	Exemplo Dinamarquês	Alfabeto fonético T&P	Exemplo Português
Aa	Afrika, kompas	[æ], [ɑ], [ɑː]	semana
Bb	barberblad	[b]	barril
Cc	cafe, creme	[k]	aquilo
Cc [1]	koncert	[s]	sanita
Dd	direktør	[d]	dentista
Dd [2]	facade	[ð]	[z] - fricativa dental sonora não-sibilante
Ee	belgier	[e], [ə]	mover
Ee [3]	elevator	[ɛ]	mesquita
Ff	familie	[f]	safári
Gg	mango	[g]	gosto
Hh	høne, knurhår	[h]	[h] aspirada
Ii	kolibri	[i], [iː]	sinônimo
Jj	legetøj	[j]	Vietnã
Kk	leksikon	[k]	aquilo
Ll	leopard	[l]	libra
Mm	marmor	[m]	magnólia
Nn	natur, navn	[n]	natureza
ng	omfang	[ŋ]	alcançar
nk	punktum	[ŋ]	alcançar
Oo	fortov	[o], [ɔ]	noite
Pp	planteolie	[p]	presente
Qq	sequoia	[k]	aquilo
Rr	seriøs	[ʁ]	[r] vibrante
Ss	selskab	[s]	sanita
Tt	strøm, trappe	[t]	tulipa
Uu	blæksprutte	[uː]	blusa
Vv	børnehave	[ʋ]	fava
Ww	whisky	[w]	página web
Xx	Luxembourg	[ks]	perplexo
Yy	lykke	[y], [ø]	trabalho
Zz	Venezuela	[s]	sanita
Ææ	ærter	[ɛ], [ɛː]	mover
Øø	grønsager	[ø], [œ]	milhões
Åå	åbent, afgå	[ɔ], [oː]	fava

Comentários

[1]   antes de e, i
[2]   depois de uma vogal acentuada
[3]   no início de palavras

ABREVIATURAS
usadas no vocabulário

Abreviaturas do Português

adj	-	adjetivo
adv	-	advérbio
anim.	-	animado
conj.	-	conjunção
desp.	-	esporte
etc.	-	Etcetera
ex.	-	por exemplo
f	-	nome feminino
f pl	-	feminino plural
fem.	-	feminino
inanim.	-	inanimado
m	-	nome masculino
m pl	-	masculino plural
m, f	-	masculino, feminino
masc.	-	masculino
mat.	-	matemática
mil.	-	militar
pl	-	plural
prep.	-	preposição
pron.	-	pronome
sb.	-	sobre
sing.	-	singular
v aux	-	verbo auxiliar
vi	-	verbo intransitivo
vi, vt	-	verbo intransitivo, transitivo
vr	-	verbo reflexivo
vt	-	verbo transitivo

Abreviaturas do Dinamarquês

f	-	gênero comum
f pl	-	gênero comum plural
i	-	neutro
i pl	-	neutro plural
i, f	-	neutro, gênero comum
ngn.	-	alguém
pl	-	plural

CONCEITOS BÁSICOS

Conceitos básicos. Parte 1

1. Pronomes

eu	jeg	['jɑj]
você	du	[du]
ele	han	['han]
ela	hun	['hun]
ele, ela (neutro)	den, det	['dən], [de]
nós	vi	['vi]
vocês	I	[i]
eles, elas	de	['di]

2. Cumprimentos. Saudações. Despedidas

Oi!	Hej!	['hɑj]
Olá!	Hallo! Goddag!	[ha'lo], [go'dæʔ]
Bom dia!	Godmorgen!	[go'mɒːɒn]
Boa tarde!	Goddag!	[go'dæʔ]
Boa noite!	Godaften!	[go'aftən]
cumprimentar (vt)	at hilse	[ʌ 'hilsə]
Oi!	Hej!	['hɑj]
saudação (f)	hilsen (f)	['hilsən]
saudar (vt)	at hilse	[ʌ 'hilsə]
Como você está?	Hvordan har De det?	[vɒ'dan ha di de]
Como vai?	Hvordan går det?	[vɒ'dan gɒ: de]
E aí, novidades?	Hvad nyt?	['vað 'nyt]
Tchau!	Farvel!	[fa'vɛl]
Até logo!	Hej hej!	['hɑj 'hɑj]
Até breve!	Hej så længe!	['hɑj sʌ 'lɛŋə]
Adeus!	Farvel!	[fa'vɛl]
despedir-se (dizer adeus)	at sige farvel	[ʌ 'si: fa'vɛl]
Até mais!	Hej hej!	['hɑj 'hɑj]
Obrigado! -a!	Tak!	['tɑk]
Muito obrigado! -a!	Mange tak!	['maŋə 'tɑk]
De nada	Velbekomme	['vɛlbə'kʌmʔə]
Não tem de quê	Det var så lidt!	[de vaʔ sʌ let]
Não foi nada!	Det var så lidt!	[de vaʔ sʌ let]
Desculpa!	Undskyld, ...	['ɔnˌskylʔ, ...]
Desculpe!	Undskyld mig, ...	['ɔnˌskylʔ mɑj, ...]

desculpar (vt)	at undskylde	[ʌ 'ɔn,skyl'ə]
desculpar-se (vr)	at undskylde sig	[ʌ 'ɔn,skyl'ə sɑj]
Me desculpe	Om forladelse	[ʌm fʌ'læ'ðəlsə]
Desculpe!	Undskyld mig!	['ɔn,skyl' mɑj]
perdoar (vt)	at tilgive	[ʌ 'tel,gi']
Não faz mal	Det gør ikke noget	[de 'gœɐ̯ 'ekə 'nɔ:əð]
por favor	værsgo	['væɐ̯'sgo']

Não se esqueça!	Husk!	['husk]
Com certeza!	Selvfølgelig!	[sɛl'føljəli]
Claro que não!	Naturligvis ikke!	[na'tuɐ̯'li'vi's 'ekə]
Está bem! De acordo!	OK! Jeg er enig!	[ɔw'kɛj], ['jɑj 'ææ̯ 'e:ni]
Chega!	Så er det nok!	['sʌ ææ̯ de 'nʌk]

3. Como se dirigir a alguém

Desculpe ,,,	Undskyld, ,,,	['ɔn,skyl', ,,,]
senhor	herre, hr.	['hææ̯ʌ], [hææ̯]
senhora	frue, fr,	['fʁu:ə], [fʁu]
senhorita	frøken	['fʁœ'kən]
jovem	ung mand	['ɔŋ' 'man']
menino	lille dreng	['lilə 'dʁaŋ']
menina	frøken	['fʁœ'kən]

4. Números cardinais. Parte 1

zero	nul	['nɔl]
um	en	['en]
dois	to	['to']
três	tre	['tʁɛ']
quatro	fire	['fi'ʌ]

cinco	fem	['fɛm']
seis	seks	['sɛks]
sete	syv	['syw']
oito	otte	['ɔ:tə]
nove	ni	['ni']

dez	ti	['ti']
onze	elleve	['ɛlvə]
doze	tolv	['tʌl']
treze	tretten	['tʁatən]
catorze	fjorten	['fjoɐ̯tən]

quinze	femten	['fɛmtən]
dezesseis	seksten	['sɑjstən]
dezessete	sytten	['søtən]
dezoito	atten	['atən]
dezenove	nitten	['netən]

vinte	tyve	['ty:və]
vinte e um	enogtyve	['e:nʌ,ty:və]

vinte e dois	toogtyve	['to:ʌˌty:və]
vinte e três	treogtyve	['tʁɛ:ʌˌty:və]
trinta	tredive	['tʁaðvə]
trinta e um	enogtredive	['e:nʌˌtʁaðvə]
trinta e dois	toogtredive	['to:ʌˌtʁaðvə]
trinta e três	treogtredive	['tʁɛ:ʌˌtʁaðvə]
quarenta	fyrre	['fœɐ̯ʌ]
quarenta e um	enogfyrre	['e:nʌˌfœɐ̯ʌ]
quarenta e dois	toogfyrre	['to:ʌˌfœɐ̯ʌ]
quarenta e três	treogfyrre	['tʁɛ:ʌˌfœɐ̯ʌ]
cinquenta	halvtreds	[hal'tʁɛs]
cinquenta e um	enoghalvtreds	['e:nʌ halˌtʁɛs]
cinquenta e dois	tooghalvtreds	['to:ʌ halˌtʁɛs]
cinquenta e três	treoghalvtreds	['tʁɛ:ʌ halˌtʁɛs]
sessenta	tres	['tʁɛs]
sessenta e um	enogtres	['e:nʌˌtʁɛs]
sessenta e dois	toogtres	['to:ʌˌtʁɛs]
sessenta e três	treogtres	['tʁɛ:ʌˌtʁɛs]
setenta	halvfjerds	[hal'fjæɐ̯s]
setenta e um	enoghalvfjerds	['e:nʌ hal'fjæɐ̯s]
setenta e dois	tooghalvfjerds	['to:ʌ hal'fjæɐ̯s]
setenta e três	treoghalvfjerds	['tʁɛ:ʌ hal'fjæɐ̯s]
oitenta	firs	['fiɐ̯ˀs]
oitenta e um	enogfirs	['e:nʌˌ'fiɐ̯ˀs]
oitenta e dois	toogfirs	['to:ʌˌfiɐ̯ˀs]
oitenta e três	treogfirs	['tʁɛ:ʌˌfiɐ̯ˀs]
noventa	halvfems	[hal'fɛmˀs]
noventa e um	enoghalvfems	['e:nʌ halˌfɛmˀs]
noventa e dois	tooghalvfems	['to:ʌ halˌfɛmˀs]
noventa e três	treoghalvfems	['tʁɛ:ʌ halˌfɛmˀs]

5. Números cardinais. Parte 2

cem	hundrede	['hunʌðə]
duzentos	tohundrede	['tɔwˌhunʌðə]
trezentos	trehundrede	['tʁɛˌhunʌðə]
quatrocentos	firehundrede	['fiɐ̯ˌhunʌðə]
quinhentos	femhundrede	['fɛmˌhunʌðə]
seiscentos	sekshundrede	['sɛksˌhunʌðə]
setecentos	syvhundrede	['sywˌhunʌðə]
oitocentos	ottehundrede	['ɔ:təˌhunʌðə]
novecentos	nihundrede	['niˌhunʌðə]
mil	tusind	['tuˀsən]
dois mil	totusind	['toˌtuˀsən]
três mil	tretusind	['tʁɛˌtuˀsən]

dez mil	**titusind**	['ti̦tu'sən]
cem mil	**hundredetusind**	['hunʌðə̦tu'sən]
um milhão	**million** (f)	[mili'o'n]
um bilhão	**milliard** (f)	[mili'ɑ'd]

6. Números ordinais

primeiro (adj)	**første**	['fœɐ̯stə]
segundo (adj)	**anden**	['anən]
terceiro (adj)	**tredje**	['tʁɛðjə]
quarto (adj)	**fjerde**	['fjɛːʌ]
quinto (adj)	**femte**	['fɛmtə]
sexto (adj)	**sjette**	['ɕɛːtə]
sétimo (adj)	**syvende**	['syw'ənə]
oitavo (adj)	**ottende**	['ʌtənə]
nono (adj)	**niende**	['ni'ənə]
décimo (adj)	**tiende**	['ti'ənə]

7. Números. Frações

fração (f)	**brøk** (f)	['bʁœ'k]
um meio	**en halv**	[en 'hal']
um terço	**en tredjedel**	[en 'tʁɛðjə̦de'l]
um quarto	**en fjerdedel**	[en 'fjɛːʌ̦de'l]
um oitavo	**en ottendedel**	[en 'ʌtənə̦de'l]
um décimo	**en tiendedel**	[en 'tiənə̦de'l]
dois terços	**to tredjedele**	['to: 'tʁɛðjə̦de:lə]
três quartos	**tre fjerdedele**	['tʁɛ: 'fjɛːʌ̦de'lə]

8. Números. Operações básicas

subtração (f)	**subtraktion** (f)	[subtʁak'ɕo'n]
subtrair (vi, vt)	**at subtrahere**	[ʌ subtʁa'he'ʌ]
divisão (f)	**division** (f)	[divi'ɕo'n]
dividir (vt)	**at dividere**	[ʌ divi'de'ʌ]
adição (f)	**addition** (f)	[adi'ɕo'n]
somar (vt)	**at addere**	[ʌ a'de'ʌ]
adicionar (vt)	**at addere**	[ʌ a'de'ʌ]
multiplicação (f)	**multiplikation** (f)	[multiplika'ɕo'n]
multiplicar (vt)	**at multiplicere**	[ʌ multipli'se'ʌ]

9. Números. Diversos

algarismo, dígito (m)	**ciffer** (i)	['sifʌ]
número (m)	**tal** (i)	['tal]

numeral (m)	talord (i)	['tal‚o'g̊]
menos (m)	minus (i)	['mi:nus]
mais (m)	plus (i)	['plus]
fórmula (f)	formel (f)	['fɒ'məl]

cálculo (m)	beregning (f)	[be'ʁaj'neŋ]
contar (vt)	at tælle	[ʌ 'tɛlə]
calcular (vt)	at tælle op	[ʌ 'tɛlə 'ʌp]
comparar (vt)	at sammenligne	[ʌ 'samən‚li'nə]

Quanto?	Hvor meget?	[vɒ' 'maɑð]
Quantos? -as?	Hvor mange?	[vɒ' 'maŋə]

soma (f)	sum (f)	['sɔm']
resultado (m)	resultat (i)	[ʁɛsul'tæ't]
resto (m)	rest (f)	['ʁast]

alguns, algumas ...	nogle få ...	['no:lə fɔ' ...]
poucos, poucas	få, ikke mange	['fɔ'], ['ekə 'maŋə]
um pouco de ...	lidt	['let]
resto (m)	øvrig (i)	['øwʁi]
um e meio	halvanden	[hal'anən]
dúzia (f)	dusin (i)	[du'si'n]

ao meio	i to halvdele	[i 'to: 'halde:lə]
em partes iguais	jævnt	['jɛw'nt]
metade (f)	halvdel (f)	['halde'l]
vez (f)	gang (f)	['gaŋ']

10. Os verbos mais importantes. Parte 1

abrir (vt)	at åbne	[ʌ 'ɔ:bnə]
acabar, terminar (vt)	at slutte	[ʌ 'slutə]
aconselhar (vt)	at råde	[ʌ 'ʁɔːðə]
adivinhar (vt)	at gætte	[ʌ 'gɛtə]
advertir (vt)	at advare	[ʌ 'að‚vɑ'ɑ]

ajudar (vt)	at hjælpe	[ʌ 'jɛlpə]
almoçar (vi)	at spise frokost	[ʌ 'spi:sə 'fʁɔkʌst]
alugar (~ um apartamento)	at leje	[ʌ 'lɑjə]
amar (pessoa)	at elske	[ʌ 'ɛlskə]
ameaçar (vt)	at true	[ʌ 'tʁu:ə]

anotar (escrever)	at skrive ned	[ʌ 'skʁi:və 'neð']
apressar-se (vr)	at skynde sig	[ʌ 'skønə saj]
arrepender-se (vr)	at beklage	[ʌ be'klæ'jə]
assinar (vt)	at underskrive	[ʌ 'ɔnʌ‚skʁi'və]
brincar (vi)	at spøge	[ʌ 'spø:jə]

brincar, jogar (vi, vt)	at lege	[ʌ 'lɑjə]
buscar (vt)	at søge ...	[ʌ 'sø:ə ...]
caçar (vi)	at jage	[ʌ 'jæ:jə]
cair (vi)	at falde	[ʌ 'falə]
cavar (vt)	at grave	[ʌ 'gʁɑ:və]

chamar (~ por socorro)	at tilkalde	[ʌ 'tel‚kal'ə]
chegar (vi)	at ankomme	[ʌ 'an‚kʌm'ə]
chorar (vi)	at græde	[ʌ 'gʁɑːðə]
começar (vt)	at begynde	[ʌ be'gøn'ə]
comparar (vt)	at sammenligne	[ʌ 'samən‚li'nə]
concordar (dizer "sim")	at samtykke	[ʌ 'sam‚tykə]

confiar (vt)	at stole på	[ʌ 'stoːlə pɔ']
confundir (equivocar-se)	at forveksle	[ʌ fʌ'vɛkslə]
conhecer (vt)	at kende	[ʌ 'kɛnə]
contar (fazer contas)	at tælle	[ʌ 'tɛlə]
contar com ...	at regne med ...	[ʌ 'ʁajnə mɛ ...]
continuar (vt)	at fortsætte	[ʌ 'fɒːt‚sɛtə]

controlar (vt)	at kontrollere	[ʌ kʌntʁo'le'ʌ]
convidar (vt)	at indbyde, at invitere	[ʌ 'en‚by'ðə], [ʌ envi'te'ʌ]
correr (vi)	at løbe	[ʌ 'løːbə]
criar (vt)	at oprette, at skabe	[ʌ 'ʌb‚ʁatə], [ʌ 'skæːbə]
custar (vt)	at koste	[ʌ 'kʌstə]

11. Os verbos mais importantes. Parte 2

dar (vt)	at give	[ʌ 'gi']
dar uma dica	at give et vink	[ʌ 'gi' et 'veŋ'k]
decorar (enfeitar)	at pryde	[ʌ 'pʁyːðə]
defender (vt)	at forsvare	[ʌ fʌ'svɑ'ɑ]
deixar cair (vt)	at tabe	[ʌ 'tæːbə]

descer (para baixo)	at gå ned	[ʌ gɔ' 'neð']
desculpar (vt)	at tilgive	[ʌ 'tel‚gi']
desculpar-se (vr)	at undskylde sig	[ʌ 'ɔn‚skyl'ə saj]
dirigir (~ uma empresa)	at styre, at lede	[ʌ 'styːʌ], [ʌ 'leːðə]
discutir (notícias, etc.)	at diskutere	[ʌ disku'te'ʌ]

disparar, atirar (vi)	at skyde	[ʌ 'skyːðə]
dizer (vt)	at sige	[ʌ 'siː]
duvidar (vt)	at tvivle	[ʌ 'tviwlə]
encontrar (achar)	at finde	[ʌ 'fenə]
enganar (vt)	at snyde	[ʌ 'snyːðə]

entender (vt)	at forstå	[ʌ fʌ'stɔ']
entrar (na sala, etc.)	at komme ind	[ʌ 'kʌmə ‚en']
enviar (uma carta)	at sende	[ʌ 'sɛnə]
errar (enganar-se)	at tage fejl	[ʌ 'tæ' faj'l]
escolher (vt)	at vælge	[ʌ 'vɛljə]

esconder (vt)	at gemme	[ʌ 'gɛmə]
escrever (vt)	at skrive	[ʌ 'skʁiːvə]
esperar (aguardar)	at vente	[ʌ 'vɛntə]
esperar (ter esperança)	at håbe	[ʌ 'hɔːbə]
esquecer (vt)	at glemme	[ʌ 'glɛmə]

estudar (vt)	at studere	[ʌ stu'de'ʌ]
exigir (vt)	at kræve	[ʌ 'kʁɛːvə]

| existir (vi) | at eksistere | [ʌ ɛksi'ste'ʌ] |
| explicar (vt) | at forklare | [ʌ fʌ'klɑ'ɑ] |

falar (vi)	at tale	[ʌ 'tæ:lə]
faltar (a la escuela, etc.)	at forsømme	[ʌ fʌ'sœm'ə]
fazer (vt)	at gøre	[ʌ 'gœ:ʌ]
ficar em silêncio	at tie	[ʌ 'ti:ə]
gabar-se (vr)	at prale	[ʌ 'pʁɑ:lə]

gostar (apreciar)	at kunne lide	[ʌ 'kunə 'li:ðə]
gritar (vi)	at skrige	[ʌ 'skʁi:ə]
guardar (fotos, etc.)	at beholde	[ʌ be'hʌl'ə]
informar (vt)	at informere	[ʌ enfɒ'me'ʌ]
insistir (vi)	at insistere	[ʌ ensi'ste'ʌ]

insultar (vt)	at fornærme	[ʌ fʌ'næɡ'mə]
interessar-se (vr)	at interessere sig	[ʌ entʁə'se'ʌ saj]
ir (a pé)	at gå	[ʌ 'gɔ']
ir nadar	at bade	[ʌ 'bæ'ðə]
jantar (vi)	at spise aftensmad	[ʌ 'spi:sə 'ɑftəns,mað]

12. Os verbos mais importantes. Parte 3

ler (vt)	at læse	[ʌ 'lɛ:sə]
libertar, liberar (vt)	at befri	[ʌ be'fʁi']
matar (vt)	at dræbe, at myrde	[ʌ 'dʁɛ:bə], [ʌ 'myɡdə]
mencionar (vt)	at omtale, at nævne	[ʌ 'ʌm,tæ:lə], [ʌ 'nɛwnə]
mostrar (vt)	at vise	[ʌ 'vi:sə]

mudar (modificar)	at ændre	[ʌ 'ɛndʁʌ]
nadar (vi)	at svømme	[ʌ 'svœmə]
negar-se a … (vr)	at vægre sig	[ʌ 'vɛ:jʁʌ saj]
objetar (vt)	at indvende	[ʌ 'en',vɛn'ə]

observar (vt)	at observere	[ʌ ʌbsæɡ've'ʌ]
ordenar (mil.)	at beordre	[ʌ be'ɒ'dʁʌ]
ouvir (vt)	at høre	[ʌ 'hø:ʌ]
pagar (vt)	at betale	[ʌ be'tæ'lə]
parar (vi)	at standse	[ʌ 'stansə]

parar, cessar (vt)	at stoppe, at slutte	[ʌ 'stʌpə], [ʌ 'slutə]
participar (vi)	at deltage	[ʌ 'del,tæ']
pedir (comida, etc.)	at bestille	[ʌ be'stel'ə]
pedir (um favor, etc.)	at bede	[ʌ 'be'ðə]
pegar (tomar)	at tage	[ʌ 'tæ']

pegar (uma bola)	at fange	[ʌ 'faŋə]
pensar (vi, vt)	at tænke	[ʌ 'tɛŋkə]
perceber (ver)	at bemærke	[ʌ be'mæɡkə]
perdoar (vt)	at tilgive	[ʌ 'tel,gi']
perguntar (vt)	at spørge	[ʌ 'spœɡʌ]

| permitir (vt) | at tillade | [ʌ 'te,læ'ðə] |
| pertencer a … (vi) | at tilhøre … | [ʌ 'tel,hø'ʌ …] |

planejar (vt)	at planlægge	[ʌ 'plæːnˌlɛɡə]
poder (~ fazer algo)	at kunne	[ʌ 'kunə]
possuir (uma casa, etc.)	at besidde, at eje	[ʌ be'siðˀə], [ʌ 'ɑjə]

preferir (vt)	at foretrække	[ʌ foːˈɒˈtʁakə]
preparar (vt)	at lave	[ʌ 'læːvə]
prever (vt)	at forudse	[ʌ 'fɒuðˌseˀ]
prometer (vt)	at love	[ʌ 'lɔːvə]
pronunciar (vt)	at udtale	[ʌ 'uðˌtæːlə]

propor (vt)	at foreslå	[ʌ 'fɒːɒˌslɔˀ]
punir (castigar)	at straffe	[ʌ 'stʁɑfə]
quebrar (vt)	at bryde	[ʌ 'bʁyːðə]
queixar-se de …	at klage	[ʌ 'klæːjə]
querer (desejar)	at ville	[ʌ 'vilə]

13. Os verbos mais importantes. Parte 4

ralhar, repreender (vt)	at skælde	[ʌ 'skɛlə]
recomendar (vt)	at anbefale	[ʌ 'anbeˌfæˀlə]
repetir (dizer outra vez)	at gentage	[ʌ 'gɛnˌtæˀ]
reservar (~ um quarto)	at reservere	[ʌ ʁɛsæɐ̯'veˀʌ]
responder (vt)	at svare	[ʌ 'svɑːɑ]

rezar, orar (vi)	at bede	[ʌ 'beˀðə]
rir (vi)	at le, at grine	[ʌ 'leˀ], [ʌ 'gʁiːnə]
roubar (vt)	at stjæle	[ʌ 'stjɛːlə]
saber (vt)	at vide	[ʌ 'viːðə]
sair (~ de casa)	at gå ud	[ʌ 'gɔˀ uðˀ]

salvar (resgatar)	at redde	[ʌ 'ʁɛðə]
seguir (~ alguém)	at følge efter …	[ʌ 'føljə 'ɛftʌ …]
sentar-se (vr)	at sætte sig	[ʌ 'sɛtə sɑj]
ser necessário	at være behøvet	[ʌ 'vɛːʌ be'høˀvəð]

ser, estar	at være	[ʌ 'vɛːʌ]
significar (vt)	at betyde	[ʌ be'tyˀðə]
sorrir (vi)	at smile	[ʌ 'smiːlə]
subestimar (vt)	at undervurdere	[ʌ 'ɔnʌvuɐ̯'deˀʌ]
surpreender-se (vr)	at blive forundret	[ʌ 'bliːə fʌ'ɔnˀdʁʌð]

tentar (~ fazer)	at prøve	[ʌ 'pʁœːwə]
ter (vt)	at have	[ʌ 'hæːvə]
ter fome	at være sulten	[ʌ 'vɛːʌ 'sultən]

ter medo	at frygte	[ʌ 'fʁœgtə]
ter sede	at være tørstig	[ʌ 'vɛːʌ 'tœɐ̯sti]
tocar (com as mãos)	at røre	[ʌ 'ʁœːʌ]
tomar café da manhã	at spise morgenmad	[ʌ 'spiːsə 'mɒːɒnˌmað]
trabalhar (vi)	at arbejde	[ʌ 'ɑːˌbɑjˀdə]
traduzir (vt)	at oversætte	[ʌ 'ɒwʌˌsɛtə]

| unir (vt) | at forene | [ʌ fʌ'enə] |
| vender (vt) | at sælge | [ʌ 'sɛljə] |

ver (vt)	at se	[ʌ 'seˀ]
virar (~ para a direita)	at svinge	[ʌ 'sveŋə]
voar (vi)	at flyve	[ʌ 'fly:və]

14. Cores

cor (f)	farve (f)	['fɑ:və]
tom (m)	nuance (f)	[ny'aŋsə]
tonalidade (m)	farvetone (f)	['fa:və,to:nə]
arco-íris (m)	regnbue (f)	['ʁajn,bu:ə]

branco (adj)	hvid	['við ˀ]
preto (adj)	sort	['soɡ̊t]
cinza (adj)	grå	['gʁɔˀ]

verde (adj)	grøn	['gʁœnˀ]
amarelo (adj)	gul	['gu ˀl]
vermelho (adj)	rød	['ʁœðˀ]

azul (adj)	blå	['blɔˀ]
azul claro (adj)	lyseblå	['lysə,blɔˀ]
rosa (adj)	rosa	['ʁo:sa]
laranja (adj)	orange	[o'ʁaŋɕə]
violeta (adj)	violblå	[vi'ol,blɔˀ]
marrom (adj)	brun	['bʁu ˀn]

dourado (adj)	guld-	['gul-]
prateado (adj)	sølv-	['søl-]

bege (adj)	beige	['bɛ:ɕ]
creme (adj)	cremefarvet	['kʁɛ:m,fa ˀvəð]
turquesa (adj)	turkis	[tyɡ̊'ki ˀs]
vermelho cereja (adj)	kirsebærrød	['kiɡ̊səbæɡ̊,ʁœðˀ]
lilás (adj)	lilla	['lela]
carmim (adj)	hindbærrød	['henbæɡ̊,ʁœðˀ]

claro (adj)	lys	['ly ˀs]
escuro (adj)	mørk	['mœɡ̊k]
vivo (adj)	klar	['klɑˀ]

de cor	farve-	['fɑ:və-]
a cores	farve	['fɑ:və]
preto e branco (adj)	sort-hvid	['soɡ̊t'við ˀ]
unicolor (de uma só cor)	ensfarvet	['ens,fa ˀvəð]
multicolor (adj)	mangefarvet	['maŋə,fa:vəð]

15. Questões

Quem?	Hvem?	['vɛm ˀ]
O que?	Hvad?	['vað]
Onde?	Hvor?	['vɒˀ]
Para onde?	Hvorhen?	['vɒˀ,hɛn]

De onde?	Hvorfra?	['vɒˀ‚fʁɑˀ]
Quando?	Hvornår?	[vɒ'nɒˀ]
Para quê?	Hvorfor?	['vɔfʌ]
Por quê?	Hvorfor?	['vɔfʌ]

Para quê?	For hvad?	[fʌ 'vað]
Como?	Hvordan?	[vɒ'dan]
Qual (~ é o problema?)	Hvilken?	['velkən]
Qual (~ deles?)	Hvilken?	['velkən]

A quem?	Til hvem?	[tel 'vɛmˀ]
De quem?	Om hvem?	[ʌm 'vɛmˀ]
Do quê?	Om hvad?	[ʌm 'vað]
Com quem?	Med hvem?	[mɛ 'vɛmˀ]

Quantos? -as?	Hvor mange?	[vɒˀ 'maŋə]
Quanto?	Hvor meget?	[vɒˀ 'maɑð]
De quem? (masc.)	Hvis?	['ves]

16. Preposições

com (prep.)	med	[mɛ]
sem (prep.)	uden	['uðən]
a, para (exprime lugar)	til	['tel]
sobre (ex. falar ~)	om	[ʌm]
antes de ...	før	['føˀɐ̯]
em frente de ...	foran ...	['fɒ:'anˀ ...]

debaixo de ...	under	['ɔnʌ]
sobre (em cima de)	over	['ɒwʌ]
em ..., sobre ...	på	[pɔ]
de, do (sou ~ Rio de Janeiro)	fra	['fʁɑˀ]
de (feito ~ pedra)	af	[a]

| em (~ 3 dias) | om | [ʌm] |
| por cima de ... | over | ['ɒwʌ] |

17. Palavras funcionais. Advérbios. Parte 1

Onde?	Hvor?	['vɒˀ]
aqui	her	['hɛˀɐ̯]
lá, ali	der	['dɛˀɐ̯]

| em algum lugar | et sted | [et 'stɛð] |
| em lugar nenhum | ingen steder | ['eŋən ‚stɛ:ðʌ] |

| perto de ... | ved | [ve] |
| perto da janela | ved vinduet | [ve 'venduəð] |

Para onde?	Hvorhen?	['vɒˀ‚hɛn]
aqui	herhen	['hɛˀɐ̯‚hɛn]
para lá	derhen	['dɛˀɐ̯‚hɛn]

daqui	herfra	['hɛˀɐ̯ˌfʁɑˀ]
de lá, dali	derfra	['dɛˀɐ̯ˌfʁɑˀ]

perto	nær	['nɛˀɐ̯]
longe	langt	['laŋˀt]

perto de …	nær	['nɛˀɐ̯]
à mão, perto	i nærheden	[i 'nɛɐ̯ˌheðˀən]
não fica longe	ikke langt	['ekə 'laŋˀt]

esquerdo (adj)	venstre	['vɛnstʁʌ]
à esquerda	til venstre	[te 'vɛnstʁʌ]
para a esquerda	til venstre	[te 'vɛnstʁʌ]

direito (adj)	højre	['hʌjʁʌ]
à direita	til højre	[te 'hʌjʁʌ]
para a direita	til højre	[te 'hʌjʁʌ]

em frente	foran	['fɒːˈanˀ]
da frente	for-, ante-	[fʌ-], [antə'-]
adiante (para a frente)	fremad	['fʁamˀˌað]

atrás de …	bagved	['bæˀjˌve]
de trás	bagpå	['bæˀjˌpɔˀ]
para trás	tilbage	[te'bæːjə]

meio (m), metade (f)	midte (f)	['metə]
no meio	i midten	[i 'metən]

do lado	fra siden	[fʁɑ 'siðən]
em todo lugar	overalt	[ɒwʌ'alˀt]
por todos os lados	rundtomkring	['ʁɔnˀdʌmˌkʁɛŋˀ]

de dentro	indefra	['enəˌfʁɑˀ]
para algum lugar	et sted	[et 'stɛð]
diretamente	ligeud	['liːəˈuðˀ]
de volta	tilbage	[te'bæːjə]

de algum lugar	et eller andet sted fra	[ed 'ɛlʌ 'anəð stɛð fʁɑˀ]
de algum lugar	fra et sted	[fʁɑ ed 'stɛð]

em primeiro lugar	for det første	[fʌ de 'fœɐ̯stə]
em segundo lugar	for det andet	[fʌ de 'anəð]
em terceiro lugar	for det tredje	[fʌ de 'tʁɛðjə]

de repente	pludseligt	['plusəlit]
no início	i begyndelsen	[i be'gønˀəlsən]
pela primeira vez	for første gang	[fʌ 'fœɐ̯stə gaŋˀ]
muito antes de …	længe før …	['lɛŋə føˀɐ̯ …]
de novo	på ny	[pɔ 'nyˀ]
para sempre	for evigt	[fʌ 'eːvið]

nunca	aldrig	['aldʁi]
de novo	igen	[i'gɛn]
agora	nu	['nu]
frequentemente	ofte	['ʌftə]

então	da, dengang	['da], ['dɛn',gaŋ']
urgentemente	omgående	['ʌm,gɔ'ənə]
normalmente	vanligvis	['væ:nli,vi's]
a propósito, ...	for resten ...	[fʌ 'ʁastən ...]
é possível	muligt, muligvis	['mu:lit], ['mu:li,vi's]
provavelmente	sandsynligvis	[san'sy'nli,vi's]
talvez	måske	[mɔ'ske']
além disso, ...	desuden, ...	[des'u:ðən, ...]
por isso ...	derfor ...	['dɛ'ɐfʌ ...]
apesar de ...	på trods af ...	[pɔ 'tʁʌs æ' ...]
graças a ...	takket være ...	['takəð ,vɛ'ʌ ...]
que (pron.)	hvad	['vað]
que (conj.)	at	[at]
algo	noget	['nɔ:əð]
alguma coisa	noget	['nɔ:əð]
nada	ingenting	['eŋən'teŋ']
quem	hvem	['vɛm']
alguém (~ que ...)	nogen	['noən]
alguém (com ~)	nogen	['noən]
ninguém	ingen	['eŋən]
para lugar nenhum	ingen steder	['eŋən ,stɛ:ðʌ]
de ninguém	ingens	['eŋəns]
de alguém	nogens	['noəns]
tão	så	['sʌ]
também (gostaria ~ de ...)	også	['ʌsə]
também (~ eu)	også	['ʌsə]

18. Palavras funcionais. Advérbios. Parte 2

Por quê?	Hvorfor?	['vɔfʌ]
por alguma razão	af en eller anden grund	[a en 'ɛlʌ 'anən 'gʁɔn']
porque ...	fordi ...	[fʌ'di' ...]
por qualquer razão	af en eller anden grund	[a en 'ɛlʌ 'anən 'gʁɔn']
e (tu ~ eu)	og	[ʌ]
ou (ser ~ não ser)	eller	[ɛlʌ]
mas (porém)	men	['mɛn]
para (~ a minha mãe)	for, til	[fʌ], [tel]
muito, demais	for, alt for	[fʌ], ['al't fʌ]
só, somente	bare, kun	['ba:ɑ], ['kɔn]
exatamente	præcis	[pʁɛ'si's]
cerca de (~ 10 kg)	cirka	['siɐka]
aproximadamente	omtrent	[ʌm'tʁan't]
aproximado (adj)	omtrentlig	[ʌm'tʁan'tli]
quase	næsten	['nɛstən]
resto (m)	rest (f)	['ʁast]
o outro (segundo)	den anden	[dən 'anən]

outro (adj)	andre	['andʁʌ]
cada (adj)	hver	['vɛˀɐ̯]
qualquer (adj)	hvilken som helst	['velkən sʌm 'hɛlˀst]
muito, muitos, muitas	megen, meget	['majən], ['maað]
muitas pessoas	mange	['maŋə]
todos	alle	['alə]

em troca de …	til gengæld for …	[tel 'gɛnˌgɛlˀ fʌ …]
em troca	i stedet for	[i 'stɛðə fʌ]
à mão	i hånden	[i 'hʌnən]
pouco provável	næppe	['nɛpə]

provavelmente	sandsynligvis	[san'syˀnliˌviˀs]
de propósito	med vilje, forsætlig	[mɛ 'viljə], [fʌ'sɛtli]
por acidente	tilfældigt	[te'fɛlˀdit]

muito	meget	['maað]
por exemplo	for eksempel	[fʌ ɛk'sɛmˀpəl]
entre	imellem	[i'mɛlˀəm]
entre (no meio de)	blandt	['blant]
tanto	så meget	['sʌ 'maað]
especialmente	særligt	['sæɐ̯lit]

Conceitos básicos. Parte 2

19. Dias da semana

segunda-feira (f)	mandag (f)	['man'da]
terça-feira (f)	tirsdag (f)	['tiɐ̯'sda]
quarta-feira (f)	onsdag (f)	['ɔn'sda]
quinta-feira (f)	torsdag (f)	['tɒ'sda]
sexta-feira (f)	fredag (f)	['fʁɛ'da]
sábado (m)	lørdag (f)	['lœɐ̯da]
domingo (m)	søndag (f)	['sœn'da]

hoje	i dag	[i 'dæ']
amanhã	i morgen	[i 'mɒːɒn]
depois de amanhã	i overmorgen	[i 'ɒwʌˌmɒːɒn]
ontem	i går	[i 'gɒ']
anteontem	i forgårs	[i 'fɒːˌgɒ's]

dia (m)	dag (f)	['dæ']
dia (m) de trabalho	arbejdsdag (f)	['ɑːbɑjdsˌdæ']
feriado (m)	festdag (f)	['fɛstˌdæ']
dia (m) de folga	fridag (f)	['fʁidæ']
fim (m) de semana	weekend (f)	['wiːˌkɛnd]

o dia todo	hele dagen	['heːlə 'dæ'ən]
no dia seguinte	næste dag	['nɛstə dæ']
há dois dias	for to dage siden	[fʌ to' 'dæ'ə 'siðən]
na véspera	dagen før	['dæ'ən fʌ]
diário (adj)	daglig	['dɑwli]
todos os dias	hver dag	['vɛɐ̯ 'dæ']

semana (f)	uge (f)	['uːə]
na semana passada	sidste uge	[i 'sistə 'uːə]
semana que vem	i næste uge	[i 'nɛstə 'uːə]
semanal (adj)	ugentlig	['uːəntli]
toda semana	hver uge	['vɛɐ̯ 'uːə]
duas vezes por semana	to gange om ugen	['to' 'gɑŋə ɒm 'uːən]
toda terça-feira	hver tirsdag	['vɛɐ̯ ˌtiɐ̯'sda]

20. Horas. Dia e noite

manhã (f)	morgen (f)	['mɒːɒn]
de manhã	om morgenen	[ʌm 'mɒːɒnən]
meio-dia (m)	middag (f)	['meda]
à tarde	om eftermiddagen	[ʌm 'ɛftʌmeˌdæ'ən]

tardinha (f)	aften (f)	['ɑftən]
à tardinha	om aftenen	[ʌm 'ɑftənən]

noite (f)	nat (f)	['nat]
à noite	om natten	[ʌm 'natən]
meia-noite (f)	midnat (f)	['mið‚nat]

segundo (m)	sekund (i)	[se'kɔnˀd]
minuto (m)	minut (i)	[me'nut]
hora (f)	time (f)	['ti:mə]
meia hora (f)	en halv time	[en 'halˀ 'ti:mə]
quarto (m) de hora	kvart (f)	['kvɑ:t]
quinze minutos	femten minutter	['fɛmtən me'nutʌ]
vinte e quatro horas	døgn (i)	['dʌjˀn]

nascer (m) do sol	solopgang (f)	['so:l 'ʌp‚gɑŋˀ]
amanhecer (m)	daggry (i)	['dɑw‚gʁy:]
madrugada (f)	tidlig morgen (f)	['tiðli 'mɒ:ɒn]
pôr-do-sol (m)	solnedgang (f)	['so:l 'neð‚gɑŋˀ]

de madrugada	tidligt om morgenen	['tiðlit ʌm 'mɒ:ɒnən]
esta manhã	i morges	[i 'mɒ:ɒs]
amanhã de manhã	i morgen tidlig	[i 'mɒ:ɒn 'tiðli]

esta tarde	i eftermiddag	[i 'ɛftʌme‚dæˀ]
à tarde	om eftermiddagen	[ʌm 'ɛftʌme‚dæˀən]
amanhã à tarde	i morgen eftermiddag	[i 'mɒ:ɒn 'ɛftʌme‚dæˀ]

esta noite, hoje à noite	i aften	[i 'ɑftən]
amanhã à noite	i morgen aften	[i 'mɒ:ɒn 'ɑftən]

às três horas em ponto	klokken tre præcis	['klʌkən tʁɛ pʁɛ'siˀs]
por volta das quatro	ved fire tiden	[ve 'fiˀʌ 'tiðən]
às doze	ved 12-tiden	[ve 'tʌl 'tiðən]

em vinte minutos	om 20 minutter	[ʌm 'ty:və me'nutʌ]
em uma hora	om en time	[ʌm en 'ti:mə]
a tempo	i tide	[i 'ti:ðə]

… um quarto para	kvart i …	['kvɑ:t i …]
dentro de uma hora	inden for en time	['enən'fʌ en 'ti:mə]
a cada quinze minutos	hvert 15 minut	['vɛˀɡt 'fɛmtən me'nut]
as vinte e quatro horas	døgnet rundt	['dʌjnəð 'ʁɔnˀt]

21. Meses. Estações

janeiro (m)	januar (f)	['janu‚ɑˀ]
fevereiro (m)	februar (f)	['febʁu‚ɑˀ]
março (m)	marts (f)	['mɑ:ts]
abril (m)	april (f)	[a'pʁiˀl]
maio (m)	maj (f)	['mɑjˀ]
junho (m)	juni (f)	['juˀni]

julho (m)	juli (f)	['juˀli]
agosto (m)	august (f)	[ɑw'gɔst]
setembro (m)	september (f)	[sep'tɛmˀbʌ]
outubro (m)	oktober (f)	[ok'to:ˀbʌ]

| novembro (m) | november (f) | [no'vɛm'bʌ] |
| dezembro (m) | december (f) | [de'sɛm'bʌ] |

primavera (f)	forår (i)	['fɒːˌɒ']
na primavera	om foråret	[ʌm 'fɒːˌɒ'ð]
primaveril (adj)	forårs-	['fɒːɒs-]

verão (m)	sommer (f)	['sʌmʌ]
no verão	om sommeren	[ʌm 'sʌmʌən]
de verão	sommer-	['sʌmʌ-]

outono (m)	efterår (i)	['ɛftʌˌɒ']
no outono	om efteråret	[ʌm 'ɛftʌˌɒ'ð]
outonal (adj)	efterårs-	['ɛftʌˌɒs-]

inverno (m)	vinter (f)	['ven'tʌ]
no inverno	om vinteren	[ʌm 'ven'tʌən]
de inverno	vinter-	['ventʌ-]

mês (m)	måned (f)	['mɔːnəð]
este mês	i denne måned	[i 'dɛnə 'mɔːnəð]
mês que vem	næste måned	['nɛstə 'mɔːnəð]
no mês passado	sidste måned	['sistə 'mɔːnəð]

um mês atrás	for en måned siden	[fʌ en 'mɔːnəð 'siðən]
em um mês	om en måned	[ʌm en 'mɔːnəð]
em dois meses	om 2 måneder	[ʌm to 'mɔːnəðʌ]
todo o mês	en hel måned	[en 'heːl 'mɔːnəð]
um mês inteiro	hele måneden	['heːlə 'mɔːnəðən]

mensal (adj)	månedlig	['mɔːnəðli]
mensalmente	månedligt	['mɔːnəðlit]
todo mês	hver måned	['vɛɐ̯ 'mɔːnəð]
duas vezes por mês	to gange om måneden	['to: 'gaŋə ɒm 'mɔːnəðən]

ano (m)	år (i)	['ɒ']
este ano	i år	[i 'ɒ']
ano que vem	næste år	['nɛstə ɒ']
no ano passado	i fjor	[i 'fjo'ɐ̯]

há um ano	for et år siden	[fʌ ed ɒ' 'siðən]
em um ano	om et år	[ʌm et 'ɒ']
dentro de dois anos	om 2 år	[ʌm to 'ɒ']
todo o ano	hele året	['heːlə 'ɒːɒð]
um ano inteiro	hele året	['heːlə 'ɒːɒð]

cada ano	hvert år	['vɛ'ɐ̯t ɒ']
anual (adj)	årlig	['ɒːli]
anualmente	årligt	['ɒːlit]
quatro vezes por ano	fire gange om året	['fi'ʌ 'gaŋə ɒm 'ɒːɒð]

data (~ de hoje)	dato (f)	['dæːto]
data (ex. ~ de nascimento)	dato (f)	['dæːto]
calendário (m)	kalender (f)	[ka'lɛn'ʌ]
meio ano	et halvt år	[et hal't 'ɒ']
seis meses	halvår (i)	['halvˌɒ']

estação (f)	årstid (f)	['ɒːsˌtiðˀ]
século (m)	århundrede (i)	[ɒ'hunʁʌðə]

22. Unidades de medida

peso (m)	vægt (f)	['vɛgt]
comprimento (m)	længde (f)	['lɛŋˀdə]
largura (f)	bredde (f)	['bʁɛˀdə]
altura (f)	højde (f)	['hʌjˀdə]
profundidade (f)	dybde (f)	['dybdə]
volume (m)	rumfang (i)	['ʁɔmˌfɑŋˀ]
área (f)	areal (i)	[ˌɑːe'æˀl]

grama (m)	gram (i)	['gʁɑmˀ]
miligrama (m)	milligram (i)	['miliˌgʁɑmˀ]
quilograma (m)	kilogram (i)	['kiloˌgʁɑmˀ]
tonelada (f)	ton (i, f)	['tʌnˀ]
libra (453,6 gramas)	pund (i)	['punˀ]
onça (f)	ounce (f)	['ɑwns]

metro (m)	meter (f)	['meˀtʌ]
milímetro (m)	millimeter (f)	['miliˌmeˀtʌ]
centímetro (m)	centimeter (f)	['sɛntiˌmeˀtʌ]
quilômetro (m)	kilometer (f)	['kiloˌmeˀtʌ]
milha (f)	mil (f)	['miˀl]

polegada (f)	tomme (f)	['tʌmə]
pé (304,74 mm)	fod (f)	['foˀð]
jarda (914,383 mm)	yard (f)	['jɑːd]

metro (m) quadrado	kvadratmeter (f)	[kva'dʁɑˀtˌmeˀtʌ]
hectare (m)	hektar (f)	[hɛk'tɑˀ]

litro (m)	liter (f)	['litʌ]
grau (m)	grad (f)	['gʁɑˀð]
volt (m)	volt (f)	['vʌlˀt]
ampère (m)	ampere (f)	[ɑm'pɛːɐ̯]
cavalo (m) de potência	hestekraft (f)	['hɛstəˌkʁɑft]

quantidade (f)	mængde (f)	['mɛŋˀdə]
um pouco de ...	lidt ...	['let ...]
metade (f)	halvdel (f)	['haldeˀl]

dúzia (f)	dusin (i)	[du'siˀn]
peça (f)	stykke (i)	['støkə]

tamanho (m), dimensão (f)	størrelse (f)	['stœɐ̯ʌlsə]
escala (f)	målestok (f)	['mɔːləˌstʌk]

mínimo (adj)	minimal	[mini'mæˀl]
menor, mais pequeno	mindst	['menˀst]
médio (adj)	middel	['miðˀəl]
máximo (adj)	maksimal	[mɑksi'mæˀl]
maior, mais grande	størst	['stœɐ̯st]

23. Recipientes

pote (m) de vidro	glaskrukke (f)	['glas‚kʁɔkə]
lata (~ de cerveja)	dåse (f)	['dɔ:sə]
balde (m)	spand (f)	['spanˀ]
barril (m)	tønde (f)	['tønə]
bacia (~ de plástico)	balje (f)	['baljə]
tanque (m)	tank (f)	['tɑŋˀk]
cantil (m) de bolso	lommelærke (f)	['lʌmə‚læɐ̯kə]
galão (m) de gasolina	dunk (f)	['dɔŋˀk]
cisterna (f)	tank (f)	['tɑŋˀk]
caneca (f)	krus (i)	['kʁu' s]
xícara (f)	kop (f)	['kʌp]
pires (m)	underkop (f)	['ɔnʌ‚kʌp]
copo (m)	glas (i)	['glas]
taça (f) de vinho	vinglas (i)	['vi:n‚glas]
panela (f)	gryde (f)	['gʁy:ðə]
garrafa (f)	flaske (f)	['flaskə]
gargalo (m)	flaskehals (f)	['flaskə‚halˀs]
jarra (f)	karaffel (f)	[kɑ'ʁafəl]
jarro (m)	kande (f)	['kanə]
recipiente (m)	beholder (f)	[be'hʌlˀʌ]
pote (m)	potte (f)	['pʌtə]
vaso (m)	vase (f)	['væ:sə]
frasco (~ de perfume)	flakon (f)	[fla'kʌŋ]
frasquinho (m)	flaske (f)	['flaskə]
tubo (m)	tube (f)	['tu:bə]
saco (ex. ~ de açúcar)	sæk (f)	['sɛk]
sacola (~ plastica)	pose (f)	['po:sə]
maço (de cigarros, etc.)	pakke (f)	['pɑkə]
caixa (~ de sapatos, etc.)	æske (f)	['ɛskə]
caixote (~ de madeira)	kasse (f)	['kasə]
cesto (m)	kurv (f)	['kuɐ̯ˀw]

O SER HUMANO

O ser humano. O corpo

24. Cabeça

cabeça (f)	hoved (i)	['ho:əð]
rosto, cara (f)	ansigt (i)	['ansegt]
nariz (m)	næse (f)	['nɛ:sə]
boca (f)	mund (f)	['mɔn']
olho (m)	øje (i)	['ʌjə]
olhos (m pl)	øjne (i pl)	['ʌjnə]
pupila (f)	pupil (f)	[pu'pil']
sobrancelha (f)	øjenbryn (i)	['ʌjən,bʀy'n]
cílio (f)	øjenvippe (f)	['ʌjən,vepə]
pálpebra (f)	øjenlåg (i)	['ʌjən,lɔ'w]
língua (f)	tunge (f)	['tɔŋə]
dente (m)	tand (f)	['tan']
lábios (m pl)	læber (f pl)	['lɛ:bʌ]
maçãs (f pl) do rosto	kindben (i pl)	['ken,be'n]
gengiva (f)	tandkød (i)	['tan,køð]
palato (m)	gane (f)	['gæ:nə]
narinas (f pl)	næsebor (i pl)	['nɛ:sə,bo'g̊]
queixo (m)	hage (f)	['hæ:jə]
mandíbula (f)	kæbe (f)	['kɛ:bə]
bochecha (f)	kind (f)	['ken']
testa (f)	pande (f)	['panə]
têmpora (f)	tinding (f)	['teneŋ]
orelha (f)	øre (i)	['ø:ʌ]
costas (f pl) da cabeça	nakke (f)	['nɑkə]
pescoço (m)	hals (f)	['hal's]
garganta (f)	strube, hals (f)	['stʀu:bə], ['hal's]
cabelo (m)	hår (i pl)	['hɒ']
penteado (m)	frisure (f)	[fʀi'sy'ʌ]
corte (m) de cabelo	klipning (f)	['klepneŋ]
peruca (f)	paryk (f)	[pɑ'ʀœk]
bigode (m)	moustache (f)	[mu'stæ:ɕ]
barba (f)	skæg (i)	['skɛ'g]
ter (~ barba, etc.)	at have	[ʌ 'hæ:və]
trança (f)	fletning (f)	['flɛtneŋ]
suíças (f pl)	bakkenbart (f)	['bɑkən,bɑ't]
ruivo (adj)	rødhåret	['ʀœð,hɒ'ɒð]
grisalho (adj)	grå	['gʀɔ']

| careca (adj) | skaldet | ['skaləð] |
| calva (f) | skaldet plet (f) | ['skaləð‚plɛt] |

| rabo-de-cavalo (m) | hestehale (f) | ['hɛstə‚hæ:lə] |
| franja (f) | pandehår (i) | ['panə‚hɒ'] |

25. Corpo humano

| mão (f) | hånd (f) | ['hʌn'] |
| braço (m) | arm (f) | ['ɑ'm] |

dedo (m)	finger (f)	['feŋ'ʌ]
dedo (m) do pé	tå (f)	['tɔ']
polegar (m)	tommel (f)	['tʌməl]
dedo (m) mindinho	lillefinger (f)	['lilə‚feŋ'ʌ]
unha (f)	negl (f)	['nɑj'l]

punho (m)	knytnæve (f)	['knyt‚nɛ:və]
palma (f)	håndflade (f)	['hʌn‚flæ:ðə]
pulso (m)	håndled (i)	['hʌn‚leð]
antebraço (m)	underarm (f)	['ɔnʌ‚ɑ:m]
cotovelo (m)	albue (f)	['al‚bu:ə]
ombro (m)	skulder (f)	['skulʌ]

perna (f)	ben (i)	['be'n]
pé (m)	fod (f)	['fo'ð]
joelho (m)	knæ (i)	['knɛ']
panturrilha (f)	læg (f)	['lɛ'g]
quadril (m)	hofte (f)	['hʌftə]
calcanhar (m)	hæl (f)	['hɛ'l]

corpo (m)	krop (f)	['kʁʌp]
barriga (f), ventre (m)	mave (f)	['mæ:və]
peito (m)	bryst (i)	['bʁœst]
seio (m)	bryst (i)	['bʁœst]
lado (m)	side (f)	['si:ðə]
costas (dorso)	ryg (f)	['ʁœg]
região (f) lombar	lænderyg (f)	['lɛnə‚ʁœg]
cintura (f)	midje, talje (f)	['miðjə], ['taljə]

umbigo (m)	navle (f)	['nɑwlə]
nádegas (f pl)	baller, balder (f pl)	['balʌ]
traseiro (m)	bag (f)	['bæ'j]

sinal (m), pinta (f)	skønhedsplet (f)	['skœnheðs‚plɛt]
sinal (m) de nascença	modermærke (i)	['mo:ðʌ'mæ̞kə]
tatuagem (f)	tatovering (f)	[tato've'̞eŋ]
cicatriz (f)	ar (i)	['ɑ']

Vestuário & Acessórios

26. Roupa exterior. Casacos

roupa (f)	tøj (i), klæder (i pl)	['tʌj], ['klɛ:ðʌ]
roupa (f) exterior	overtøj (i)	['ɒwʌˌtʌj]
roupa (f) de inverno	vintertøj (i)	['ventʌˌtʌj]
sobretudo (m)	frakke (f)	['fʁɑkə]
casaco (m) de pele	pels (f), pelskåbe (f)	['pɛl's], ['pɛlsˌkɔ:bə]
jaqueta (f) de pele	pelsjakke (f)	['pɛlsˌjɑkə]
casaco (m) acolchoado	dynejakke (f)	['dy:nəˌjɑkə]
casaco (m), jaqueta (f)	jakke (f)	['jɑkə]
impermeável (m)	regnfrakke (f)	['ʁɑjnˌfʁɑkə]
a prova d'água	vandtæt	['vanˌtɛt]

27. Vestuário de homem & mulher

camisa (f)	skjorte (f)	['skjoʁtə]
calça (f)	bukser (pl)	['boksʌ]
jeans (m)	jeans (pl)	['dji:ns]
paletó, terno (m)	jakke (f)	['jɑkə]
terno (m)	jakkesæt (i)	['jɑkəˌsɛt]
vestido (ex. ~ de noiva)	kjole (f)	['kjo:lə]
saia (f)	nederdel (f)	['neðʌˌde'l]
blusa (f)	bluse (f)	['blu:sə]
casaco (m) de malha	strikket trøje (f)	['stʁɛkəð 'tʁʌjə]
casaco, blazer (m)	blazer (f)	['blɛjsʌ]
camiseta (f)	t-shirt (f)	['ti:ˌçœ:t]
short (m)	shorts (pl)	['çɒ:ts]
training (m)	træningsdragt (f)	['tʁɛ:neŋsˌdʁagt]
roupão (m) de banho	badekåbe (f)	['bæ:ðəˌkɔ:bə]
pijama (m)	pyjamas (f)	[py'jæ:mas]
suéter (m)	sweater (f)	['swɛtʌ]
pulôver (m)	pullover (f)	[pul'ɔwʌ]
colete (m)	vest (f)	['vɛst]
fraque (m)	kjolesæt (i)	['kjo:ləˌsɛt]
smoking (m)	smoking (f)	['smo:keŋ]
uniforme (m)	uniform (f)	[uni'fɒ'm]
roupa (f) de trabalho	arbejdstøj (i)	['a:bɑjdsˌtʌj]
macacão (m)	kedeldragt, overall (f)	['keðəlˌdʁagt], ['ɒwɒˌɒ:l]
jaleco (m), bata (f)	kittel (f)	['kitəl]

28. Vestuário. Roupa interior

roupa (f) íntima	undertøj (i)	['ɔnʌˌtʌj]
cueca boxer (f)	boxershorts (pl)	['bʌgsʌˌɕɒːʦ]
calcinha (f)	trusser (pl)	['tʁusʌ]
camiseta (f)	undertrøje (f)	['ɔnʌˌtʁʌjə]
meias (f pl)	sokker (f pl)	['sʌkʌ]

camisola (f)	natkjole (f)	['natˌkjoːlə]
sutiã (m)	bh (f), brystholder (f)	[be'hɔʔ], ['bʁœstˌhʌlʔʌ]
meias longas (f pl)	knæstrømper (f pl)	['knɛˌstʁœmpʌ]
meias-calças (f pl)	strømpebukser (pl)	['stʁœmbəˌbɔksʌ]
meias (~ de nylon)	strømper (f pl)	['stʁœmpʌ]
maiô (m)	badedragt (f)	['bæːðəˌdʁɑgt]

29. Adereços de cabeça

chapéu (m), touca (f)	hue (f)	['huːə]
chapéu (m) de feltro	hat (f)	['hat]
boné (m) de beisebol	baseballkasket (f)	['bɛjsˌbɒːl ka'skɛt]
boina (~ italiana)	kasket (f)	[ka'skɛt]

boina (ex. ~ basca)	baskerhue (f)	['bɑːskʌˌhuːə]
capuz (m)	hætte (f)	['hɛtə]
chapéu panamá (m)	panamahat (f)	['panʔamaˌhat]
touca (f)	strikhue (f)	['stʁɛkˌhuə]

lenço (m)	tørklæde (i)	['tœɐ̯ˌklɛːðə]
chapéu (m) feminino	hat (f)	['hat]

capacete (m) de proteção	hjelm (f)	['jɛlʔm]
bibico (m)	skråhue (f)	['skʁʌˌhuːə]
capacete (m)	hjelm (f)	['jɛlʔm]

chapéu-coco (m)	bowlerhat (f)	['bɔwlʌˌhat]
cartola (f)	høj hat (f)	['hʌj 'hat]

30. Calçado

calçado (m)	sko (f)	['skoʔ]
botinas (f pl), sapatos (m pl)	støvler (f pl)	['stœwlʌ]
sapatos (de salto alto, etc.)	damesko (f pl)	['dæːməˌskoː]
botas (f pl)	støvler (f pl)	['stœwlʌ]
pantufas (f pl)	hjemmesko (f pl)	['jɛməˌskoʔ]

tênis (~ Nike, etc.)	tennissko, kondisko (f pl)	['tɛnisˌskoʔ], ['kʌndiˌskoʔ]
tênis (~ Converse)	kanvas sko (f pl)	['kanvas ˌskoʔ]
sandálias (f pl)	sandaler (f pl)	[san'dæʔlʌ]

sapateiro (m)	skomager (f)	['skoˌmæʔjʌ]
salto (m)	hæl (f)	['hɛʔl]

par (m)	par (i)	['pɑ]
cadarço (m)	snøre (f)	['snɶːʌ]
amarrar os cadarços	at snøre	[ʌ 'snɶːʌ]
calçadeira (f)	skohorn (i)	['skoˌhoɐ̯ʔn]
graxa (f) para calçado	skocreme (f)	['skoˌkʁɛʔm]

31. Acessórios pessoais

luva (f)	handsker (f pl)	['hanskʌ]
mitenes (f pl)	vanter (f pl)	['vanʔtʌ]
cachecol (m)	halstørklæde (i)	['hals ˈtɶɐ̯ˌklɛːðə]

óculos (m pl)	briller (pl)	['bʁɛlʌ]
armação (f)	brillestel (i)	['bʁɛləˌstɛlʔ]
guarda-chuva (m)	paraply (f)	[pɑɑ'plyʔ]
bengala (f)	stok (f)	['stʌk]
escova (f) para o cabelo	hårbørste (f)	['hɒˌbɶɐ̯stə]
leque (m)	vifte (f)	['veftə]

gravata (f)	slips (i)	['sleps]
gravata-borboleta (f)	butterfly (f)	['bʌtʌˌflɑj]
suspensórios (m pl)	seler (f pl)	['seːlʌ]
lenço (m)	lommetørklæde (i)	['lʌməˌtɶɐ̯klɛːðə]

pente (m)	kam (f)	['kɑmʔ]
fivela (f) para cabelo	hårspænde (i)	['hɒːˌspɛnə]
grampo (m)	hårnål (f)	['hɒːˌnɔʔl]
fivela (f)	spænde (i)	['spɛnə]

cinto (m)	bælte (i)	['bɛltə]
alça (f) de ombro	rem (f)	['ʁamʔ]

bolsa (f)	taske (f)	['taskə]
bolsa (feminina)	dametaske (f)	['dæːmeˌtaskə]
mochila (f)	rygsæk (f)	['ʁɶgˌsɛk]

32. Vestuário. Diversos

moda (f)	mode (f)	['moːðə]
na moda (adj)	moderigtig	['moːðəˌʁɛgti]
estilista (m)	modedesigner (f)	['moːðə de'sɑjnʌ]

colarinho (m)	krave (f)	['kʁɑːvə]
bolso (m)	lomme (f)	['lʌmə]
de bolso	lomme-	['lʌmə-]
manga (f)	ærme (i)	['æɐmə]
ganchinho (m)	strop (f)	['stʁʌp]
bragueta (f)	gylp (f)	['gylʔp]

zíper (m)	lynlås (f)	['lynˌlɔʔs]
colchete (m)	hægte, lukning (f)	['hɛgtə], ['lɔknen]
botão (m)	knap (f)	['knɑp]

botoeira (casa de botão)	knaphul (i)	['knɑpˌhɔl]
soltar-se (vr)	at falde af	[ʌ 'falə 'æˀ]

costurar (vi)	at sy	[ʌ syˀ]
bordar (vt)	at brodere	[ʌ bʁo'deˀʌ]
bordado (m)	broderi (i)	[bʁodʌ'ʁiˀ]
agulha (f)	synål (f)	['syˌnɔˀl]
fio, linha (f)	tråd (f)	['tʁoˀð]
costura (f)	søm (f)	['sœmˀ]

sujar-se (vr)	at smudse sig til	[ʌ 'smusə sɑ 'tel]
mancha (f)	plet (f)	['plɛt]
amarrotar-se (vr)	at blive krøllet	[ʌ 'bliːə 'kʁœləð]
rasgar (vt)	at rive	[ʌ 'ʁiːvə]
traça (f)	møl (i)	['møl]

33. Cuidados pessoais. Cosméticos

pasta (f) de dente	tandpasta (f)	['tanˌpasta]
escova (f) de dente	tandbørste (f)	['tanˌbœɐ̯stə]
escovar os dentes	at børste tænder	[ʌ 'bœɐ̯stə 'tɛnʌ]

gilete (f)	skraber (f)	['skʁaːbʌ]
creme (m) de barbear	barbercreme (f)	[bɑ'beˀɡˌkʁɛˀm]
barbear-se (vr)	at barbere sig	[ʌ bɑ'beˀʌ sɑj]

sabonete (m)	sæbe (f)	['sɛːbə]
xampu (m)	shampoo (f)	['ɕæːmˌpuː]

tesoura (f)	saks (f)	['saks]
lixa (f) de unhas	neglefil (f)	['najləˌfiˀl]
corta-unhas (m)	neglesaks (f)	['najləˌsaks]
pinça (f)	pincet (f)	[pen'sɛt]

cosméticos (m pl)	kosmetik (f)	[kʌsmə'tik]
máscara (f)	ansigtsmaske (f)	['ansegts 'maskə]
manicure (f)	manicure (f)	[mani'kyːʌ]
fazer as unhas	at få manicure	[ʌ 'fɔˀ mani'kyːʌ]
pedicure (f)	pedicure (f)	[pedi'kyːʌ]

bolsa (f) de maquiagem	kosmetiktaske (f)	[kʌsmə'tikˌtaskə]
pó (de arroz)	pudder (i)	['puðˀʌ]
pó (m) compacto	pudderdåse (f)	['puðʌˌdɔːsə]
blush (m)	rouge (f)	['ʁuːɕ]

perfume (m)	parfume (f)	[pɑ'fyˀmə]
água-de-colônia (f)	eau de toilette (f)	[ˌodətoa'lɛt]
loção (f)	lotion (f)	['lɔwɕən]
colônia (f)	eau de cologne (f)	[odəko'lʌnjə]

sombra (f) de olhos	øjenskygge (f)	['ʌjənˌskygə]
delineador (m)	eyeliner (f)	['ɑːjˌlajnʌ]
máscara (f), rímel (m)	mascara (f)	[ma'skaːɑ]
batom (m)	læbestift (f)	['lɛːbəˌsteft]

esmalte (m)	neglelak (f)	['najləˌlak]
laquê (m), spray fixador (m)	hårspray (f)	['hɔːˌspʁɛj]
desodorante (m)	deodorant (f)	[deodo'ʁanˀt]

creme (m)	creme (f)	['kʁɛˀm]
creme (m) de rosto	ansigtscreme (f)	['ansegts 'kʁɛˀm]
creme (m) de mãos	håndcreme (f)	['hʌnˌkʁɛˀm]
creme (m) antirrugas	antirynke creme (f)	[antə'ʁœŋkə 'kʁɛˀm]
creme (m) de dia	dagcreme (f)	['dɑwˌkʁɛˀm]
creme (m) de noite	natcreme (f)	['natˌkʁɛˀm]
de dia	dag-	['dɑw-]
da noite	nat-	['nat-]

absorvente (m) interno	tampon (f)	[tam'pʌn]
papel (m) higiênico	toiletpapir (i)	[toa'lɛt pa'piɐˀ]
secador (m) de cabelo	hårtørrer (f)	['hɔːˌtœʁʌ]

34. Relógios de pulso. Relógios

relógio (m) de pulso	armbåndsur (i)	['ɑːmbʌnsˌuɐˀ]
mostrador (m)	urskive (f)	['uɐˌskiːvə]
ponteiro (m)	viser (f)	['viːsʌ]
bracelete (em aço)	armbånd (i)	['ɑːmˌbʌnˀ]
bracelete (em couro)	urrem (f)	['uɐˌʁamˀ]

pilha (f)	batteri (i)	[batʌ'ʁiˀ]
acabar (vi)	at blive afladet	[ʌ 'bliːə 'ɑwˌlæˀðəð]
trocar a pilha	at skifte et batteri	[ʌ 'skiftə et batʌ'ʁiˀ]
estar adiantado	at gå for hurtigt	[ʌ gɔˀ fʌ 'hoɐtit]
estar atrasado	at gå for langsomt	[ʌ gɔˀ fʌ 'laŋˌsʌmt]

relógio (m) de parede	vægur (i)	['vɛːgˌuɐˀ]
ampulheta (f)	timeglas (i)	['tiːməˌglas]
relógio (m) de sol	solur (i)	['soːlˌuɐˀ]
despertador (m)	vækkeur (i)	['vɛkəˌuɐˀ]
relojoeiro (m)	urmager (f)	['uɐˌmæˀjʌ]
reparar (vt)	at reparere	[ʌ ʁɛpə'ʁɛˀʌ]

Alimentação. Nutrição

35. Comida

carne (f)	kød (i)	['køð]
galinha (f)	høne (f)	['hœ:nə]
frango (m)	kylling (f)	['kyleŋ]
pato (m)	and (f)	['anˀ]
ganso (m)	gås (f)	['gɔˀs]
caça (f)	vildt (i)	['vilˀt]
peru (m)	kalkun (f)	[kal'kuˀn]

carne (f) de porco	flæsk (i)	['flɛsk]
carne (f) de vitela	kalvekød (i)	['kalvə‚køð]
carne (f) de carneiro	lammekød (i)	['lamə‚køð]
carne (f) de vaca	oksekød (i)	['ʌksə‚køð]
carne (f) de coelho	kanin (f)	[ka'niˀn]

linguiça (f), salsichão (m)	pølse (f)	['pølsə]
salsicha (f)	wienerpølse (f)	['viˀnʌ‚pølsə]
bacon (m)	bacon (i, f)	['bɛjkʌn]
presunto (m)	skinke (f)	['skeŋkə]
pernil (m) de porco	skinke (f)	['skeŋkə]

patê (m)	pate, paté (f)	[pa'te]
fígado (m)	lever (f)	['lewˀʌ]
guisado (m)	kødfars (f)	['køð‚faˀs]
língua (f)	tunge (f)	['tɔŋə]

ovo (m)	æg (i)	['ɛˀg]
ovos (m pl)	æg (i pl)	['ɛˀg]
clara (f) de ovo	hvide (f)	['vi:ðə]
gema (f) de ovo	blomme (f)	['blʌmə]

peixe (m)	fisk (f)	['fesk]
mariscos (m pl)	fisk og skaldyr	[fesk 'ɒw 'skaldyɐˀ]
crustáceos (m pl)	krebsdyr (i pl)	['kʁabs‚dyɐˀ]
caviar (m)	kaviar (f)	['kavi‚ɑˀ]

caranguejo (m)	krabbe (f)	['kʁabə]
camarão (m)	reje (f)	['ʁajə]
ostra (f)	østers (f)	['østʌs]
lagosta (f)	languster (f)	[laŋ'gustʌ]
polvo (m)	blæksprutte (f)	['blɛk‚spʁutə]
lula (f)	blæksprutte (f)	['blɛk‚spʁutə]

esturjão (m)	stør (f)	['støˀɐ]
salmão (m)	laks (f)	['laks]
halibute (m)	helleflynder (f)	['hɛlə‚flønʌ]
bacalhau (m)	torsk (f)	['tɒ:sk]

cavala, sarda (f)	makrel (f)	[mɑ'kʁal']
atum (m)	tunfisk (f)	['tu:n,fesk]
enguia (f)	ål (f)	['ɔ'l]

truta (f)	ørred (f)	['œɐ̯ʌð]
sardinha (f)	sardin (f)	[sɑ'di'n]
lúcio (m)	gedde (f)	['geðə]
arenque (m)	sild (f)	['sil']

pão (m)	brød (i)	['bʁœð']
queijo (m)	ost (f)	['ɔst]
açúcar (m)	sukker (i)	['sɔkʌ]
sal (m)	salt (i)	['sal't]

arroz (m)	ris (f)	['ʁi's]
massas (f pl)	pasta (f)	['pasta]
talharim, miojo (m)	nudler (f pl)	['nuð'lʌ]

manteiga (f)	smør (i)	['smœɐ̯]
óleo (m) vegetal	vegetabilsk olie (f)	[vegəta'bi'lsk 'oljə]
óleo (m) de girassol	solsikkeolie (f)	['so:l,sekə ,oljə]
margarina (f)	margarine (f)	[mɑgɑ'ʁi:nə]

| azeitonas (f pl) | oliven (f pl) | [o'li'vən] |
| azeite (m) | olivenolie (f) | [o'li'vən,oljə] |

leite (m)	mælk (f)	['mɛl'k]
leite (m) condensado	kondenseret mælk (f)	[kʌndən'se'ʌð mɛl'k]
iogurte (m)	yoghurt (f)	['jo,guɐ't]
creme (m) azedo	cremefraiche, syrnet fløde (f)	[kʁɛ:m'fʁɛ:ɕ], ['syɐ̯nəð 'flø:ðə]
creme (m) de leite	fløde (f)	['flø:ðə]

| maionese (f) | mayonnaise (f) | [mɑjo'nɛ:s] |
| creme (m) | creme (f) | ['kʁɛ'm] |

grãos (m pl) de cereais	gryn (i)	['gʁy'n]
farinha (f)	mel (i)	['me'l]
enlatados (m pl)	konserves (f)	[kɔn'sæɐ̯vəs]

flocos (m pl) de milho	cornflakes (pl)	['koɐ̯n,flɛks]
mel (m)	honning (f)	['hʌneŋ]
geleia (m)	syltetøj (i)	['syltə,tʌj]
chiclete (m)	tyggegummi (i)	['tygə,gomi]

36. Bebidas

água (f)	vand (i)	['van']
água (f) potável	drikkevand (i)	['dʁɛkə,van']
água (f) mineral	mineralvand (i)	[minə'ʁal,van']

sem gás (adj)	uden brus	['uðən 'bʁu's]
gaseificada (adj)	med kulsyre	[mɛ 'bʁu's]
com gás	med brus	[mɛ 'bʁu's]

gelo (m)	is (f)	['i'²s]
com gelo	med is	[mɛ 'i'²s]

não alcoólico (adj)	alkoholfri	['alkohʌlˌfʁi²]
refrigerante (m)	alkoholfri drik (f)	['alkohʌlˌfʁi² 'dʁɛk]
refresco (m)	læskedrik (f)	['lɛskəˌdʁɛk]
limonada (f)	limonade (f)	[limo'næ:ðə]

bebidas (f pl) alcoólicas	alkoholiske drikke (f pl)	[alko'ho'²liskə 'dʁɛkə]
vinho (m)	vin (f)	['vi'n]
vinho (m) branco	hvidvin (f)	['viðˌvi'n]
vinho (m) tinto	rødvin (f)	['ʁœðˌvi'n]

licor (m)	likør (f)	[li'kø'ɐ̯]
champanhe (m)	champagne (f)	[ɕɑm'panjə]
vermute (m)	vermouth (f)	['væɐ̯mut]

uísque (m)	whisky (f)	['wiski]
vodca (f)	vodka (f)	['vʌdka]
gim (m)	gin (f)	['djen]
conhaque (m)	cognac, konjak (f)	['kʌn'²jɑg]
rum (m)	rom (f)	['ʁʌm'²]

café (m)	kaffe (f)	['kɑfə]
café (m) preto	sort kaffe (f)	['soɐ̯t 'kɑfə]
café (m) com leite	kaffe (f) med mælk	['kɑfə mɛ 'mɛl'²k]
cappuccino (m)	cappuccino (f)	[kɑpu'tji:no]
café (m) solúvel	pulverkaffe (f)	['pʌlvʌˌkɑfə]

leite (m)	mælk (f)	['mɛl'²k]
coquetel (m)	cocktail (f)	['kʌkˌtɛjl]
batida (f), milkshake (m)	milkshake (f)	['milkˌɕɛjk]

suco (m)	juice (f)	['dʒu:s]
suco (m) de tomate	tomatjuice (f)	[to'mæːtˌdʒu:s]
suco (m) de laranja	appelsinjuice (f)	[ɑpəl'si'n 'dʒu:s]
suco (m) fresco	friskpresset juice (f)	['fʁɛskˌpʁasəð 'dʒu:s]

cerveja (f)	øl (i)	['øl]
cerveja (f) clara	lyst øl (i)	['lyst ˌøl]
cerveja (f) preta	mørkt øl (i)	['mœɐ̯kt ˌøl]

chá (m)	te (f)	['te'²]
chá (m) preto	sort te (f)	['soɐ̯t ˌte'²]
chá (m) verde	grøn te (f)	['gʁœn' ˌte'²]

37. Vegetais

vegetais (m pl)	grøntsager (pl)	['gʁœntˌsæ'²jʌ]
verdura (f)	grønt (i)	['gʁœn²t]

tomate (m)	tomat (f)	[to'mæ'²t]
pepino (m)	agurk (f)	[a'guɐ̯k]
cenoura (f)	gulerod (f)	['guləˌʁo'²ð]

batata (f)	kartoffel (f)	[ka'tʌfəl]
cebola (f)	løg (i)	['lʌjˀ]
alho (m)	hvidløg (i)	['við,lʌjˀ]

couve (f)	kål (f)	['kɔˀl]
couve-flor (f)	blomkål (f)	['blʌm,kɔˀl]
couve-de-bruxelas (f)	rosenkål (f)	['ʁo:sən,kɔˀl]
brócolis (m pl)	broccoli (f)	['bʁʌkoli]

beterraba (f)	rødbede (f)	[ʁœð'be:ðə]
berinjela (f)	aubergine (f)	[obæg'ɕi:n]
abobrinha (f)	squash, zucchini (f)	['sgwʌɕ], [su'ki:ni]
abóbora (f)	græskar (i)	['gʁaska]
nabo (m)	majroe (f)	['maj,ʁo:ə]

salsa (f)	persille (f)	[pæg'selə]
endro, aneto (m)	dild (f)	['dilˀ]
alface (f)	salat (f)	[sa'læˀt]
aipo (m)	selleri (f)	['selʌ,ʁiˀ]
aspargo (m)	asparges (f)	[a'spɑˀs]
espinafre (m)	spinat (f)	[spi'næˀt]

ervilha (f)	ærter (f pl)	['æg'tʌ]
feijão (~ soja, etc.)	bønner (f pl)	['bœnʌ]
milho (m)	majs (f)	['mɑjˀs]
feijão (m) roxo	bønne (f)	['bœnə]

pimentão (m)	peber (i, f)	['pewʌ]
rabanete (m)	radiser (f pl)	[ʁɑ'disə]
alcachofra (f)	artiskok (f)	[,ɑ:ti'skʌk]

38. Frutos. Nozes

fruta (f)	frugt (f)	['fʁɔgt]
maçã (f)	æble (i)	['ɛˀblə]
pera (f)	pære (f)	['pɛˀʌ]
limão (m)	citron (f)	[si'tʁoˀn]
laranja (f)	appelsin (f)	[ɑpəl'siˀn]
morango (m)	jordbær (i)	['joɡ,bæg]

tangerina (f)	mandarin (f)	[mandɑ'ʁiˀn]
ameixa (f)	blomme (f)	['blʌmə]
pêssego (m)	fersken (f)	['fæɡskən]
damasco (m)	abrikos (f)	[ɑbʁi'koˀs]
framboesa (f)	hindbær (i)	['hen,bæg]
abacaxi (m)	ananas (f)	['ananas]

banana (f)	banan (f)	[ba'næˀn]
melancia (f)	vandmelon (f)	['van me'loˀn]
uva (f)	drue (f)	['dʁu:ə]
ginja (f)	kirsebær (i)	['kiɡsə,bæg]
cereja (f)	morel (f)	[mo'ʁalˀ]
melão (m)	melon (f)	[me'loˀn]
toranja (f)	grapefrugt (f)	['gʁɛjp,fʁɔgt]

abacate (m)	avokado (f)	[avo'kæ:do]
mamão (m)	papaja (f)	[pa'pɑja]
manga (f)	mango (f)	['mɑŋgo]
romã (f)	granatæble (i)	[gʁa'næˀt̩ˌɛ:blə]

groselha (f) vermelha	ribs (i, f)	['ʁɛbs]
groselha (f) negra	solbær (i)	['so:lˌbæɡ]
groselha (f) espinhosa	stikkelsbær (i)	['stekəlsˌbæɡ]
mirtilo (m)	blåbær (i)	['blɔˀˌbæɡ]
amora (f) silvestre	brombær (i)	['bʁɔmˌbæɡ]

passa (f)	rosin (f)	[ʁo'si'n]
figo (m)	figen (f)	['fi:ən]
tâmara (f)	daddel (f)	['dað'əl]

amendoim (m)	jordnød (f)	['joɡˌnøð']
amêndoa (f)	mandel (f)	['man'əl]
noz (f)	valnød (f)	['valˌnøð']
avelã (f)	hasselnød (f)	['hasəlˌnøð']
coco (m)	kokosnød (f)	['ko:kosˌnøð']
pistaches (m pl)	pistacier (f pl)	[pi'stæ:ɕʌ]

39. Pão. Bolaria

pastelaria (f)	konditorvarer (f pl)	[kʌn'ditʌˌvɑ:ɑ]
pão (m)	brød (i)	['bʁœð']
biscoito (m), bolacha (f)	småkager (f pl)	['smʌˌkæ:jʌ]

chocolate (m)	chokolade (f)	[ɕoko'læ:ðə]
de chocolate	chokolade-	[ɕoko'læ:ðə-]
bala (f)	konfekt, karamel (f)	[kɔn'fɛkt], [kɑɑ'mɛl']
doce (bolo pequeno)	kage (f)	['kæ:jə]
bolo (m) de aniversário	lagkage (f)	['lawˌkæ:jə]

torta (f)	pie (f)	['pɑ:j]
recheio (m)	fyld (i, f)	['fyl']

geleia (m)	syltetøj (i)	['syltəˌtʌj]
marmelada (f)	marmelade (f)	[mɑmə'læ:ðə]
wafers (m pl)	vaffel (f)	['vafəl]
sorvete (m)	is (f)	['i's]
pudim (m)	budding (f)	['buðeŋ]

40. Pratos cozinhados

prato (m)	ret (f)	['ʁat]
cozinha (~ portuguesa)	køkken (i)	['køkən]
receita (f)	opskrift (f)	['ʌpˌskʁɛft]
porção (f)	portion (f)	[pɔ'ɕo'n]

salada (f)	salat (f)	[sa'læˀt]
sopa (f)	suppe (f)	['sɔpə]

caldo (m)	**bouillon** (f)	[bul'jʌŋ]
sanduíche (m)	**smørrebrød** (i)	['smœɐ̯ʌˌbʁœð']
ovos (m pl) fritos	**spejlæg** (i)	['spɑjlˌɛ'g]

hambúrguer (m)	**hamburger** (f)	['hæːmˌbœːgʌ]
bife (m)	**bøf** (f)	['bøf]

acompanhamento (m)	**tilbehør** (i)	['telbeˌhøʔɐ̯]
espaguete (m)	**spaghetti** (f)	[spa'gɛti]
purê (m) de batata	**kartoffelmos** (f)	[kɑ'tʌfəlˌmɔs]
pizza (f)	**pizza** (f)	['pidsa]
mingau (m)	**grød** (f)	['gʁœð']
omelete (f)	**omelet** (f)	[oməˈlɛt]

fervido (adj)	**kogt**	['kʌgt]
defumado (adj)	**røget**	['ʁʌjəð]
frito (adj)	**stegt**	['stɛgt]
seco (adj)	**tørret**	['tœɐ̯ʌð]
congelado (adj)	**frossen**	['fʁɔsən]
em conserva (adj)	**syltet**	['syltəð]

doce (adj)	**sød**	['søð']
salgado (adj)	**saltet**	['saltəð]
frio (adj)	**kold**	['kʌl']
quente (adj)	**hed, varm**	['heð'], ['vɑ'm]
amargo (adj)	**bitter**	['betʌ]
gostoso (adj)	**lækker**	['lɛkʌ]

cozinhar em água fervente	**at koge**	[ʌ 'kɔːwə]
preparar (vt)	**at lave**	[ʌ 'læːvə]
fritar (vt)	**at stege**	[ʌ 'stɑjə]
aquecer (vt)	**at varme op**	[ʌ 'vɑːmə ʌp]

salgar (vt)	**at salte**	[ʌ 'saltə]
apimentar (vt)	**at pebre**	[ʌ 'pewʁʌ]
ralar (vt)	**at rive**	[ʌ 'ʁiːvə]
casca (f)	**skal, skræl** (f)	['skal'], ['skʁal']
descascar (vt)	**at skrælle**	[ʌ 'skʁalə]

41. Especiarias

sal (m)	**salt** (i)	['sal't]
salgado (adj)	**saltet**	['saltəð]
salgar (vt)	**at salte**	[ʌ 'saltə]

pimenta-do-reino (f)	**sort peber** (i, f)	['soɐ̯t 'pewʌ]
pimenta (f) vermelha	**rød peber** (i, f)	['ʁœð 'pewʌ]
mostarda (f)	**sennep** (f)	['senʌp]
raiz-forte (f)	**peberrod** (f)	['pewʌˌʁoʔð]

condimento (m)	**krydderi** (i)	[kʁyðʌ'ʁi']
especiaria (f)	**krydderi** (i)	[kʁyðʌ'ʁi']
molho (~ inglês)	**sovs, sauce** (f)	['sɒw's]
vinagre (m)	**eddike** (f)	['ɛðikə]

anis estrelado (m)	anis (f)	['anis]
manjericão (m)	basilikum (f)	[ba'sil'ikɔm]
cravo (m)	nellike (f)	['nel'ekə]
gengibre (m)	ingefær (f)	['eŋəˌfæɡ]
coentro (m)	koriander (f)	[kɒi'an'dʌ]
canela (f)	kanel (i, f)	[ka'ne'l]

gergelim (m)	sesam (f)	['se:sɑm]
folha (f) de louro	laurbærblad (i)	['lɑwʌbæɡˌblað]
páprica (f)	paprika (f)	['pɑpʁika]
cominho (m)	kommen (f)	['kʌmən]
açafrão (m)	safran (i, f)	[sa'fʁɑ'n]

42. Refeições

| comida (f) | mad (f) | ['mað] |
| comer (vt) | at spise | [ʌ 'spi:sə] |

café (m) da manhã	morgenmad (f)	['mɒːɒnˌmað]
tomar café da manhã	at spise morgenmad	[ʌ 'spi:sə 'mɒːɒnˌmað]
almoço (m)	frokost (f)	['fʁɔkʌst]
almoçar (vi)	at spise frokost	[ʌ 'spi:sə 'fʁɔkʌst]
jantar (m)	aftensmad (f)	['ɑftənsˌmað]
jantar (vi)	at spise aftensmad	[ʌ 'spi:sə 'ɑftənsˌmað]

| apetite (m) | appetit (f) | [ɑpə'tit] |
| Bom apetite! | Velbekomme! | ['vɛlbə'kʌm'ə] |

abrir (~ uma lata, etc.)	at åbne	[ʌ 'ɔːbnə]
derramar (~ líquido)	at spilde	[ʌ 'spilə]
derramar-se (vr)	at spildes ud	[ʌ 'spiləs uð']

ferver (vi)	at koge	[ʌ 'kɔːwə]
ferver (vt)	at koge	[ʌ 'kɔːwə]
fervido (adj)	kogt	['kʌgt]
esfriar (vt)	at afkøle	[ʌ 'awˌkø'lə]
esfriar-se (vr)	at afkøles	[ʌ 'awˌkø'ləs]

| sabor, gosto (m) | smag (f) | ['smæ'j] |
| fim (m) de boca | bismag (f) | ['bismæ'j] |

emagrecer (vi)	at være på diæt	[ʌ 'vɛːʌ pɔ' di'ɛ't]
dieta (f)	diæt (f)	[di'ɛ't]
vitamina (f)	vitamin (i)	[vita'mi'n]
caloria (f)	kalorie (f)	[ka'loɡ'jə]
vegetariano (m)	vegetar, vegetarianer (f)	[vegə'tɑ'], [vegətai'æ'nʌ]
vegetariano (adj)	vegetarisk	[vegə'tɑ'isk]

gorduras (f pl)	fedt (i)	['fet]
proteínas (f pl)	proteiner (i pl)	[pʁotə'i'nʌ]
carboidratos (m pl)	kulhydrater (i pl)	['kɔlhyˌdʁɑ'dʌ]
fatia (~ de limão, etc.)	skive (f)	['ski:və]
pedaço (~ de bolo)	stykke (i)	['støkə]
migalha (f), farelo (m)	krumme (f)	['kʁɔmə]

43. Por a mesa

colher (f)	ske (f)	['ske']
faca (f)	kniv (f)	['kniw']
garfo (m)	gaffel (f)	['gafəl]
xícara (f)	kop (f)	['kʌp]
prato (m)	tallerken (f)	[ta'læɐ̯kən]
pires (m)	underkop (f)	['ɔnʌˌkʌp]
guardanapo (m)	serviet (f)	[sæɐ̯vi'ɛt]
palito (m)	tandstikker (f)	['tanˌstekʌ]

44. Restaurante

restaurante (m)	restaurant (f)	[ʁɛsto'ʁɑn]
cafeteria (f)	cafe, kaffebar (f)	[ka'fe'], ['kafəˌbɑ']
bar (m), cervejaria (f)	bar (f)	['bɑ']
salão (m) de chá	tesalon (f)	['te'sa'lʌŋ]
garçom (m)	tjener (f)	['tjɛːnʌ]
garçonete (f)	servitrice (f)	[sæɐ̯vi'tʁiːsə]
barman (m)	bartender (f)	['bɑːˌtɛndʌ]
cardápio (m)	menu (f)	[me'ny]
lista (f) de vinhos	vinkort (i)	['viːnˌkɒːt]
reservar uma mesa	at bestille et bord	[ʌ be'stel'ə ed 'bo'ɐ̯]
prato (m)	ret (f)	['ʁat]
pedir (vt)	at bestille	[ʌ be'stel'ə]
fazer o pedido	at bestille	[ʌ be'stel'ə]
aperitivo (m)	aperitif (f)	[apeɐ̯i'tif]
entrada (f)	forret (f)	['foːʁat]
sobremesa (f)	dessert (f)	[de'sɛɐ̯'t]
conta (f)	regning (f)	['ʁɑjneŋ]
pagar a conta	at betale regningen	[ʌ be'tæ'lə 'ʁɑjnenən]
dar o troco	at give tilbage	[ʌ 'gi' te'bæːjə]
gorjeta (f)	drikkepenge (pl)	['dʁɛkəˌpɛŋə]

Família, parentes e amigos

45. Informação pessoal. Formulários

nome (m)	navn (i)	['nɑwˀn]
sobrenome (m)	efternavn (i)	['ɛftʌˌnɑwˀn]
data (f) de nascimento	fødselsdato (f)	['føsəlsˌdæːto]
local (m) de nascimento	fødested (i)	['føːðəˌstɛð]
nacionalidade (f)	nationalitet (f)	[naçonaliˈteˀt]
lugar (m) de residência	bopæl (i)	['boˌpɛˀl]
país (m)	land (i)	['lanˀ]
profissão (f)	fag (i), profession (f)	['fæˀj], [pʁofəˈço'n]
sexo (m)	køn (i)	['kœnˀ]
estatura (f)	højde (f)	['hʌjˀdə]
peso (m)	vægt (f)	['vɛgt]

46. Membros da família. Parentes

mãe (f)	mor (f), moder (f)	['moɐ̯], ['moːðʌ]
pai (m)	far (f), fader (f)	['fɑː], ['fæːðʌ]
filho (m)	søn (f)	['sœn]
filha (f)	datter (f)	['datʌ]
caçula (f)	yngste datter (f)	['øŋˀstə 'datʌ]
caçula (m)	yngste søn (f)	['øŋˀstə 'sœn]
filha (f) mais velha	ældste datter (f)	['ɛlˀstə 'datʌ]
filho (m) mais velho	ældste søn (f)	['ɛlˀstə sœn]
irmão (m)	bror (f)	['bʁoɐ̯]
irmão (m) mais velho	storebror (f)	['stoɐ̯ˌbʁoɐ̯]
irmão (m) mais novo	lillebror (f)	['liləˌbʁoɐ̯]
irmã (f)	søster (f)	['søstʌ]
irmã (f) mais velha	storesøster (f)	['stoɐ̯ˌsøstʌ]
irmã (f) mais nova	lillesøster (f)	['liləˌsøstʌ]
primo (m)	fætter (f)	['fɛtʌ]
prima (f)	kusine (f)	[kuˈsiːnə]
mamãe (f)	mor (f)	['moɐ̯]
papai (m)	papa, far (f)	['pɑpa], ['fɑː]
pais (pl)	forældre (pl)	[fʌˈɛlˀdʁʌ]
criança (f)	barn (i)	['bɑˀn]
crianças (f pl)	børn (pl)	['bœɐ̯ˀn]
avó (f)	bedstemor (f)	['bɛstəˌmoɐ̯]
avô (m)	bedstefar (f)	['bɛstəˌfɑː]
neto (m)	barnebarn (i)	['bɑːnəˌbɑˀn]

neta (f)	**barnebarn** (i)	['bɑ:nə‚bɑˀn]
netos (pl)	**børnebørn** (pl)	['bœɡnə‚bœɡˀn]
tio (m)	**onkel** (f)	['ɔŋˀkəl]
tia (f)	**tante** (f)	['tantə]
sobrinho (m)	**nevø** (f)	[ne'vø]
sobrinha (f)	**niece** (f)	[ni'ɛ:sə]
sogra (f)	**svigermor** (f)	['sviˀʌ‚moɡ]
sogro (m)	**svigerfar** (f)	['sviˀʌ‚fɑ:]
genro (m)	**svigersøn** (f)	['sviˀʌ‚sœn]
madrasta (f)	**stedmor** (f)	['stɛð‚moɡ]
padrasto (m)	**stedfar** (f)	['stɛð‚fɑ:]
criança (f) de colo	**spædbarn** (i)	['spɛð‚bɑˀn]
bebê (m)	**spædbarn** (i)	['spɛð‚bɑˀn]
menino (m)	**lille barn** (i)	['lilə 'bɑˀn]
mulher (f)	**kone** (f)	['ko:nə]
marido (m)	**mand** (f)	['manˀ]
esposo (m)	**ægtemand** (f)	['ɛgtə‚manˀ]
esposa (f)	**hustru** (f)	['hustʁu]
casado (adj)	**gift**	['gift]
casada (adj)	**gift**	['gift]
solteiro (adj)	**ugift**	['u‚gift]
solteirão (m)	**ungkarl** (f)	['ɔŋ‚kæˀl]
divorciado (adj)	**fraskilt**	['fʁa‚əkolˀt]
viúva (f)	**enke** (f)	['ɛŋkə]
viúvo (m)	**enkemand** (f)	['ɛŋkə‚manˀ]
parente (m)	**slægtning** (f)	['slɛgtneŋ]
parente (m) próximo	**nær slægtning** (f)	['nɛˀɡ 'slɛgtneŋ]
parente (m) distante	**fjern slægtning** (f)	['fjæɡˀn 'slɛgtneŋ]
parentes (m pl)	**slægtninge** (pl)	['slɛgtneŋə]
órfão (m), órfã (f)	**forældreløst barn** (i)	[fʌ'ɛlˀdʁʌlø:st bɑˀn]
tutor (m)	**formynder** (f)	['fɔ:‚mønˀʌ]
adotar (um filho)	**at adoptere**	[ʌ adʌp'teˀʌ]
adotar (uma filha)	**at adoptere**	[ʌ adʌp'teˀʌ]

Medicina

47. Doenças

doença (f)	sygdom (f)	['sy:ˌdʌmˀ]
estar doente	at være syg	[ʌ 'vɛ:ʌ syˀ]
saúde (f)	helse, sundhed (f)	['hɛlsə], ['sɔnˌheðˀ]
nariz (m) escorrendo	snue (f)	['snu:ə]
amigdalite (f)	angina (f)	[aŋ'gi:na]
resfriado (m)	forkølelse (f)	[fʌ'køˀləlsə]
ficar resfriado	at blive forkølet	[ʌ 'bli:ə fʌ'køˀləð]
bronquite (f)	bronkitis (f)	[bʁʌŋ'kitis]
pneumonia (f)	lungebetændelse (f)	['lɔŋə be'tɛnˀəlsə]
gripe (f)	influenza (f)	[enflu'ɛnsa]
míope (adj)	nærsynet	['næɐ̯ˌsyˀnəð]
presbita (adj)	langsynet	['laŋˌsyˀnəð]
estrabismo (m)	skeløjethed (f)	['skelˌʌjəðˌheðˀ]
estrábico, vesgo (adj)	skeløjet	['skelˌʌjˀəð]
catarata (f)	grå stær (f)	['gʁɔˀ 'stɛˀɐ̯]
glaucoma (m)	glaukom (i), grøn stær (f)	[glaw'ko:m], ['gʁœnˀ 'stɛˀɐ̯]
AVC (m), apoplexia (f)	hjerneblødning (f)	['jæɐ̯nəˌbløðneŋ]
ataque (m) cardíaco	infarkt (i, f)	[en'fɑ:kt]
enfarte (m) do miocárdio	hjerteinfarkt (i, f)	['jæɐ̯tə en'fɑ:kt]
paralisia (f)	lammelse (f)	['laməlsə]
paralisar (vt)	at lamme, at paralysere	[ʌ 'lamə], [ʌ paaly'seˀʌ]
alergia (f)	allergi (f)	[alæɐ̯'giˀ]
asma (f)	astma (f)	['astma]
diabetes (f)	diabetes (f)	[dia'be:təs]
dor (f) de dente	tandpine (f)	['tanˌpi:nə]
cárie (f)	caries, karies (f)	['kɑˀiəs]
diarreia (f)	diarre (f)	[dia'ʁɛ]
prisão (f) de ventre	forstoppelse (f)	[fʌ'stʌpəlsə]
desarranjo (m) intestinal	mavebesvær (i)	['mæ:vəˌbe'svɛˀɐ̯]
intoxicação (f) alimentar	madforgiftning (f)	['maðfʌˌgiftneŋ]
intoxicar-se	at få madforgiftning	[ʌ 'fɔˀ 'maðfʌˌgiftəˀ]
artrite (f)	artritis (f)	[a'tʁitis]
raquitismo (m)	rakitis (f)	[ʁa'kitis]
reumatismo (m)	reumatisme (f)	[ʁʌjma'tismə]
arteriosclerose (f)	arterieforkalkning (f)	[a'teˀɐ̯iə fʌ'kal'kneŋ]
gastrite (f)	gastritis (f)	[ga'stʁitis]
apendicite (f)	appendicit (f)	[apɛndi'sit]

colecistite (f)	galdeblærebetændelse (f)	['galə‚blɛːʌ be'tɛn'əlsə]
úlcera (f)	mavesår (i)	['mæːvə‚sɒ']

sarampo (m)	mæslinger (pl)	['mɛs‚leŋ'ʌ]
rubéola (f)	røde hunde (f)	['ʁœːðə 'hunə]
icterícia (f)	gulsot (f)	['gul‚so't]
hepatite (f)	hepatitis (f)	[hepa'titis]

esquizofrenia (f)	skizofreni (f)	[skidsofʁɛ'ni']
raiva (f)	rabies (f)	['ʁa'bjɛs]
neurose (f)	neurose (f)	[nœw'ʁoːsə]
contusão (f) cerebral	hjernerystelse (f)	['jæɡnə‚ʁœstəlsə]

câncer (m)	kræft (f), cancer (f)	['kʁaft], ['kan'sʌ]
esclerose (f)	sklerose (f)	[sklə'ʁoːsə]
esclerose (f) múltipla	multipel sklerose (f)	[mul'ti'pəl sklə'ʁoːsə]

alcoolismo (m)	alkoholisme (f)	[alkoho'lismə]
alcoólico (m)	alkoholiker (f)	[alko'ho'likʌ]
sífilis (f)	syfilis (f)	['syfilis]
AIDS (f)	AIDS (f)	['ɛjds]

tumor (m)	svulst, tumor (f)	['svul'st], ['tuːmɒ]
maligno (adj)	ondartet, malign	['ɔn‚a'dəð], [ma'li'n]
benigno (adj)	godartet, benign	['goð‚a'təð], [be'ni'n]
febre (f)	feber (f)	['fe'bʌ]
malária (f)	malaria (f)	[ma'la'ia]
gangrena (f)	koldbrand (f)	['kʌl‚bʁan']
enjoo (m)	søsyge (f)	['sø‚sy:ə]
epilepsia (f)	epilepsi (f)	[epilɛp'si']

epidemia (f)	epidemi (f)	[epedə'mi']
tifo (m)	tyfus (f)	['tyfus]
tuberculose (f)	tuberkulose (f)	[tubæɡku'loːsə]
cólera (f)	kolera (f)	['ko'ləʁa]
peste (f) bubônica	pest (f)	['pɛst]

48. Sintomas. Tratamentos. Parte 1

sintoma (m)	symptom (i)	[sym'to'm]
temperatura (f)	temperatur (f)	[tɛmpʁa'tuɡ']
febre (f)	høj temperatur, feber (f)	['hʌj tɛmpʁa'tuɡ'], ['fe'bʌ]
pulso (m)	puls (f)	['pul's]

vertigem (f)	svimmelhed (f)	['svem'əl‚heð']
quente (testa, etc.)	varm	['va'm]
calafrio (m)	gysen (f)	['gy:sən]
pálido (adj)	bleg	['blɑj']

tosse (f)	hoste (f)	['hoːstə]
tossir (vi)	at hoste	[ʌ 'hoːstə]
espirrar (vi)	at nyse	[ʌ 'nyːsə]
desmaio (m)	besvimelse (f)	[be'svi'məlsə]
desmaiar (vi)	at besvime	[ʌ be'svi'mə]

mancha (f) preta	blåt mærke (i)	['blʌt 'mæɐ̯kə]
galo (m)	bule (f)	['bu:lə]
machucar-se (vr)	at slå sig	[ʌ 'slɔʔ saj]
contusão (f)	blåt mærke (i)	['blʌt 'mæɐ̯kə]
machucar-se (vr)	at støde sig	[ʌ 'sdø:ðə saj]

mancar (vi)	at halte	[ʌ 'haltə]
deslocamento (f)	forvridning (f)	[fʌ'vʁið°neŋ]
deslocar (vt)	at forvride	[ʌ fʌ'vʁið°ə]
fratura (f)	brud (i), fraktur (f)	['bʁuð], [fʁak'tuɐ̯ʔ]
fraturar (vt)	at få et brud	[ʌ 'fɔʔ ed 'bʁuð]

corte (m)	snitsår (i)	['snit‚sɒʔ]
cortar-se (vr)	at skære sig	[ʌ 'skɛ:ʌ saj]
hemorragia (f)	blødning (f)	['bløðneŋ]

| queimadura (f) | brandsår (i) | ['bʁan‚sɒʔ] |
| queimar-se (vr) | at brænde sig | [ʌ 'bʁanə saj] |

picar (vt)	at stikke	[ʌ 'stekə]
picar-se (vr)	at stikke sig	[ʌ 'stekə saj]
lesionar (vt)	at skade	[ʌ 'skæ:ðə]
lesão (m)	skade (f)	['skæ:ðə]
ferida (f), ferimento (m)	sår (i)	['sɒʔ]
trauma (m)	traume, trauma (i)	['tʁawmə], ['tʁawma]

delirar (vi)	at tale i vildelse	[ʌ 'tæ:lə i 'vilelsə]
gaguejar (vi)	at stamme	[ʌ 'stamə]
insolação (f)	solstik (i)	['so:l‚stek]

49. Sintomas. Tratamentos. Parte 2

| dor (f) | smerte (f) | ['smæɐ̯tə] |
| farpa (no dedo, etc.) | splint (f) | ['splenʔt] |

suor (m)	sved (f)	['sveð°]
suar (vi)	at svede	[ʌ 'sve:ðə]
vômito (m)	opkastning (f)	['ʌp‚kastneŋ]
convulsões (f pl)	kramper (f pl)	['kʁampʌ]

grávida (adj)	gravid	[gʁa'við°]
nascer (vi)	at fødes	[ʌ 'fø:ðəs]
parto (m)	fødsel (f)	['føsəl]
dar à luz	at føde	[ʌ 'fø:ðə]
aborto (m)	abort (f)	[a'bɒʔt]

respiração (f)	åndedræt (i)	['ʌnə‚dʁat]
inspiração (f)	indånding (f)	['en‚ʌnʔeŋ]
expiração (f)	udånding (f)	['uð‚ʌnʔeŋ]
expirar (vi)	at ånde ud	[ʌ 'ʌnə uð]
inspirar (vi)	at ånde ind	[ʌ 'ʌnə enʔ]

| inválido (m) | handikappet person (f) | ['handi‚kapəð pæɐ̯ɡ̊'soʔn] |
| aleijado (m) | krøbling (f) | ['kʁœbleŋ] |

drogado (m)	narkoman (f)	[nɑko'mæˀn]
surdo (adj)	døv	['døˀw]
mudo (adj)	stum	['stɔmˀ]
surdo-mudo (adj)	døvstum	['døw̩stɔmˀ]

louco, insano (adj)	gal, sindssyg	['gæˀl], ['senˀ̩syˀ]
louco (m)	gal mand (f)	['gæˀl 'manˀ]
louca (f)	gal kvinde (f)	['gæˀl 'kvenə]
ficar louco	at blive sindssyg	[ʌ 'bliːə 'senˀ̩syˀ]

gene (m)	gen (i)	['geˀn]
imunidade (f)	immunitet (f)	[imuni'teˀt]
hereditário (adj)	arvelig	['ɑːvəli]
congênito (adj)	medfødt	['mɛð̩føˀt]

vírus (m)	virus (i, f)	['viːʁus]
micróbio (m)	mikrobe (f)	[mi'kʁoːbə]
bactéria (f)	bakterie (f)	[bɑk'teɡ̊ˀiə]
infecção (f)	infektion (f)	[enfɛk'ɕoˀn]

50. Sintomas. Tratamentos. Parte 3

hospital (m)	sygehus (i)	['syːə̩huˀs]
paciente (m)	patient (f)	[pa'ɕɛnˀt]

diagnóstico (m)	diagnose (f)	[dia'gnoːsə]
cura (f)	kur, behandling (f)	['kuɡ̊ˀ], [be'hanˀleŋ]
tratamento (m) médico	behandling (f)	[be'hanˀleŋ]
curar-se (vr)	at blive behandlet	[ʌ 'bliːə be'hanˀləð]
tratar (vt)	at behandle	[ʌ be'hanˀlə]
cuidar (pessoa)	at pleje	[ʌ 'plajə]
cuidado (m)	pleje (f)	['plajə]

operação (f)	operation (f)	[opəʁa'ɕoˀn]
enfaixar (vt)	at forbinde	[ʌ fʌ'benˀə]
enfaixamento (m)	forbinding (f)	[fʌ'benˀeŋ]

vacinação (f)	vaccination (f)	[vagsina'ɕoˀn]
vacinar (vt)	at vaccinere	[ʌ vaksi'neˀʌ]
injeção (f)	injektion (f)	[enjɛk'ɕoˀn]
dar uma injeção	at give en sprøjte	[ʌ 'giˀ en 'spʁʌjtə]

ataque (~ de asma, etc.)	anfald (i)	['an̩falˀ]
amputação (f)	amputation (f)	[amputa'ɕoˀn]
amputar (vt)	at amputere	[ʌ ampu'teˀʌ]
coma (f)	koma (f)	['koːma]
estar em coma	at ligge i koma	[ʌ 'legə i 'koːma]
reanimação (f)	intensivafdeling (f)	['entən̩siwˀ 'aw̩deˀleŋ]

recuperar-se (vr)	at blive rask	[ʌ 'bliːə 'ʁask]
estado (~ de saúde)	tilstand (f)	['tel̩stanˀ]
consciência (perder a ~)	bevidsthed (f)	[be'vest̩heðˀ]
memória (f)	hukommelse (f)	[hu'kʌmˀəlsə]
tirar (vt)	at trække ud	[ʌ 'tʁakə uðˀ]

obturação (f)	plombe (f)	['plɔmbə]
obturar (vt)	at plombere	[ʌ plɔm'beʔʌ]

hipnose (f)	hypnose (f)	[hyp'noːsə]
hipnotizar (vt)	at hypnotisere	[ʌ hypnoti'seʔʌ]

51. Médicos

médico (m)	læge (f)	['lɛːjə]
enfermeira (f)	sygeplejerske (f)	['syːəˌplɑjʔʌskə]
médico (m) pessoal	personlig læge (f)	[pæɡ'soʔnli 'lɛːjə]

dentista (m)	tandlæge (f)	['tanˌlɛːjə]
oculista (m)	øjenlæge (f)	['ʌjənˌlɛːjə]
terapeuta (m)	terapeut (f)	[teɑ'pœwʔt]
cirurgião (m)	kirurg (f)	[ki'ʁuɡʔw]

psiquiatra (m)	psykiater (f)	[syki'æʔtʌ]
pediatra (m)	børnelæge (f)	['bœɡnəˌlɛːjə]
psicólogo (m)	psykolog (f)	[syko'loʔ]
ginecologista (m)	gynækolog (f)	[gynɛko'loʔ]
cardiologista (m)	kardiolog (f)	[kɑdio'loʔ]

52. Medicina. Drogas. Acessórios

medicamento (m)	medicin (f)	[medi'siʔn]
remédio (m)	middel (i)	['miðʔəl]
receitar (vt)	at ordinere	[ʌ ɒdi'neʔʌ]
receita (f)	recept (f)	[ʁɛ'sɛpt]

comprimido (m)	tablet (f), pille (f)	[tɑb'lɛt], ['pelə]
unguento (m)	salve (f)	['salvə]
ampola (f)	ampul (f)	[ɑm'pulʔ]
solução, preparado (m)	mikstur (f)	[meks'tuɡʔ]
xarope (m)	sirup (f)	['siʔʁɔp]
cápsula (f)	pille (f)	['pelə]
pó (m)	pulver (i)	['pɔlʔvʌ]

atadura (f)	gazebind (i)	['gæːsəˌbenʔ]
algodão (m)	vat (i)	['vat]
iodo (m)	jod (i, f)	['joʔð]

curativo (m) adesivo	plaster (i)	['plastʌ]
conta-gotas (m)	pipette (f)	[pi'pɛtə]
termômetro (m)	termometer (i)	[tæɡmo'meʔtʌ]
seringa (f)	sprøjte (f)	['spʁʌjtə]

cadeira (f) de rodas	kørestol (f)	['køːʌˌstoʔl]
muletas (f pl)	krykker (f pl)	['kʁœkə]

analgésico (m)	smertestillende medicin (i)	['smæɡdəˌstelənə medi'siʔn]
laxante (m)	laksativ (i)	[lɑksa'tiwʔ]

álcool (m)	**sprit** (f)	['spʁit]
ervas (f pl) medicinais	**lægeurter** (f pl)	['lɛːjə‚uʁˀtʌ]
de ervas (chá ~)	**urte-**	['uɐ̯tə-]

HABITAT HUMANO

Cidade

53. Cidade. Vida na cidade

cidade (f)	by (f)	['by']
capital (f)	hovedstad (f)	['ho:əð,sta ð]
aldeia (f)	landsby (f)	['lans,by']
mapa (m) da cidade	bykort (i)	['by,kɒ:t]
centro (m) da cidade	centrum (i) af byen	['sɛntʁɔm a 'byən]
subúrbio (m)	forstad (f)	['fɔ:,sta ð]
suburbano (adj)	forstads-	['fɔ:,staðs-]
periferia (f)	udkant (f)	['uð,kan't]
arredores (m pl)	omegne (f pl)	['ʌm,aj'nə]
quarteirão (m)	kvarter (i)	[kva'te'ɐ̯]
quarteirão (m) residencial	boligkvarter (i)	['bo:likva'te'ɐ̯]
tráfego (m)	trafik (f)	[tʁa'fik]
semáforo (m)	trafiklys (i)	[tʁa'fik,ly's]
transporte (m) público	offentlig transport (f)	['ʌfəntli tʁans'pɒ:t]
cruzamento (m)	kryds (i, f)	['kʁys]
faixa (f)	fodgængerovergang (f)	['foðgɛŋʌ 'ɒwʌ,gaŋ']
túnel (m) subterrâneo	gangtunnel (f)	['gaŋtu,nɛl']
cruzar, atravessar (vt)	at gå over	[ʌ gɔ' 'ɒw'ʌ]
pedestre (m)	fodgænger (f)	['foð,gɛŋʌ]
calçada (f)	fortov (i)	['fɔ:,tɒw]
ponte (f)	bro (f)	['bʁo']
margem (f) do rio	kaj (f)	['kaj']
fonte (f)	springvand (i)	['spʁɛŋ,van']
alameda (f)	alle (f)	[a'le']
parque (m)	park (f)	['pɑ:k]
bulevar (m)	boulevard (f)	[bulə'vɑ'd]
praça (f)	torv (i)	['tɒ'w]
avenida (f)	avenue (f)	[avə'ny]
rua (f)	gade (f)	['gæ:ðə]
travessa (f)	sidegade (f)	['si:ðə,gæ:ðə]
beco (m) sem saída	blindgyde (f)	['blen',gy:ðə]
casa (f)	hus (i)	['hu's]
edifício, prédio (m)	bygning (f)	['bygnəŋ]
arranha-céu (m)	skyskraber (f)	['sky,skʁa:bʌ]
fachada (f)	facade (f)	[fa'sæ:ðə]
telhado (m)	tag (i)	['tæ'j]

janela (f)	**vindue** (i)	['vendu]
arco (m)	**bue** (f)	['buːə]
coluna (f)	**søjle** (f)	['sʌjlə]
esquina (f)	**hjørne** (i)	['jœɐ̯ˀnə]

vitrine (f)	**udstillingsvindue** (i)	['uðˌstelˀeŋs 'vendu]
letreiro (m)	**skilt** (i)	['skelˀt]
cartaz (do filme, etc.)	**plakat** (f)	[pla'kæˀt]
cartaz (m) publicitário	**reklameplakat** (f)	[ʁɛ'klæːməˌpla'kæˀt]
painel (m) publicitário	**reklameskilt** (i)	[ʁɛ'klæːməˌskelˀt]

lixo (m)	**affald** (i)	['awˌfalˀ]
lata (f) de lixo	**skraldespand** (f)	['skʁaləˌspanˀ]
jogar lixo na rua	**at smide affald**	[ʌ 'smiːðə 'awˌfalˀ]
aterro (m) sanitário	**losseplads** (f)	['lʌsəˌplas]

orelhão (m)	**telefonboks** (f)	[teləˈfoːnˌbʌks]
poste (m) de luz	**lygtepæl** (f)	['løgtəˌpɛˀl]
banco (m)	**bænk** (f)	['bɛŋˀk]

polícia (m)	**politibetjent** (f)	[poli'ti be'tjɛnˀt]
polícia (instituição)	**politi** (i)	[poli'tiˀ]
mendigo, pedinte (m)	**tigger** (f)	['tegʌ]
desabrigado (m)	**hjemløs** (f)	['jɛmˌløˀs]

54. Instituições urbanas

loja (f)	**forretning** (f), **butik** (f)	[fʌ'ʁatneŋ], [bu'tik]
drogaria (f)	**apotek** (i)	[apo'teˀk]
ótica (f)	**optik** (f)	[ʌp'tik]
centro (m) comercial	**indkøbscenter** (i)	['enˌkøˀbs ˌsɛnˀtʌ]
supermercado (m)	**supermarked** (i)	['suˀpʌˌmaːkəð]

padaria (f)	**bageri** (i)	[bæjʌ'ʁiˀ]
padeiro (m)	**bager** (f)	['bæːjʌ]
pastelaria (f)	**konditori** (i)	[kʌnditʌ'ʁiˀ]
mercearia (f)	**købmandsbutik** (f)	['kømans bu'tik]
açougue (m)	**slagterbutik** (f)	['slagtʌ bu'tik]

fruteira (f)	**grønthandel** (f)	['gʁœntˌhanˀəl]
mercado (m)	**marked** (i)	['maːkəð]

cafeteria (f)	**cafe, kaffebar** (f)	[ka'feˀ], ['kafəˌbaˀ]
restaurante (m)	**restaurant** (f)	[ʁɛsto'ʁaŋ]
bar (m)	**ølstue** (f)	['ølˌstuːə]
pizzaria (f)	**pizzeria** (i)	[pidsə'ʁiːa]

salão (m) de cabeleireiro	**frisørsalon** (f)	[fʁi'søɡ saˌlʌŋ]
agência (f) dos correios	**postkontor** (i)	['pʌst kɔn'toˀɡ]
lavanderia (f)	**renseri** (i)	[ʁansʌ'ʁiˀ]
estúdio (m) fotográfico	**fotoatelier** (i)	['foto atəl'je]

sapataria (f)	**skotøjsforretning** (f)	['skoˌtʌjs fʌ'ʁatneŋ]
livraria (f)	**boghandel** (f)	['bɔwˌhanˀəl]

loja (f) de artigos esportivos	sportsforretning (f)	['spɒ:ts fʌ'ʁatneŋ]
costureira (m)	reparation (f) af tøj	[ʁepʁa'ɕo'n a 'tʌj]
aluguel (m) de roupa	udlejning (f) af tøj	['uð‚laj'neŋ a 'tʌj]
videolocadora (f)	filmleje (f)	['film‚lajə]

circo (m)	cirkus (i)	['siɐ̯kus]
jardim (m) zoológico	zoologisk have (f)	[soo'lo'isk 'hæ:və]
cinema (m)	biograf (f)	[bio'gʁɑ'f]
museu (m)	museum (i)	[mu'sɛ:ɔm]
biblioteca (f)	bibliotek (i)	[biblio'te'k]

teatro (m)	teater (i)	[te'æ'tʌ]
ópera (f)	opera (f)	['o'pəʁa]
boate (casa noturna)	natklub (f)	['nat‚klub]
cassino (m)	kasino (i)	[ka'si:no]

mesquita (f)	moske (f)	[mo'ske']
sinagoga (f)	synagoge (f)	[syna'go:ə]
catedral (f)	katedral (f)	[katə'dʁɑ'l]
templo (m)	tempel (i)	['tɛm'pəl]
igreja (f)	kirke (f)	['kiɐ̯kə]

faculdade (f)	institut (i)	[ensdi'tut]
universidade (f)	universitet (i)	[univæɐ̯si'te't]
escola (f)	skole (f)	['sko:lə]

prefeitura (f)	præfektur (i)	[pʁɛfɛk'tuɐ̯']
câmara (f) municipal	rådhus (i)	['ʁɔð‚hu's]
hotel (m)	hotel (i)	[ho'tɛl']
banco (m)	bank (f)	['baŋ'k]

embaixada (f)	ambassade (f)	[amba'sæ:ðə]
agência (f) de viagens	rejsebureau (i)	['ʁajsə by‚ʁo]
agência (f) de informações	informationskontor (i)	[enfɒma'ɕons kɔn'to'ɐ̯]
casa (f) de câmbio	vekselkontor (i)	['vɛksəl kɔn'to'ɐ̯]

metrô (m)	metro (f)	['me:tʁo]
hospital (m)	sygehus (i)	['sy:ə‚hu's]

posto (m) de gasolina	tankstation (f)	['taŋk sta'ɕ'on]
parque (m) de estacionamento	parkeringsplads (f)	[pɑ'ke'ɐ̯eŋs‚plas]

55. Sinais

letreiro (m)	skilt (i)	['skel't]
aviso (m)	indskrift (f)	['en‚skʁɛft]
cartaz, pôster (m)	poster (f)	['pɔwstʌ]
placa (f) de direção	vejviser (f)	['vaj‚vi:sʌ]
seta (f)	pil (f)	['pi'l]

aviso (advertência)	advarsel (f)	['að‚va:səl]
sinal (m) de aviso	advarselsskilt (i)	['að‚va:səls 'skel't]
avisar, advertir (vt)	at advare	[ʌ 'að‚va'a]
dia (m) de folga	fridag (f)	['fʁidæ']

horário (~ dos trens, etc.)	køreplan (f)	['køː ʌ ˌplæʔn]
horário (m)	åbningstid (f)	['ɔːbneŋsˌtiðʔ]
BEM-VINDOS!	VELKOMMEN!	['vɛlˌkʌmʔən]
ENTRADA	INDGANG	['enˌgɑŋʔ]
SAÍDA	UDGANG	['uðˌgɑŋʔ]
EMPURRE	TRYK	['tʁœk]
PUXE	TRÆK	['tʁak]
ABERTO	ÅBENT	['ɔːbənt]
FECHADO	LUKKET	['lɔkəð]
MULHER	KVINDE	['kvenə]
HOMEM	MAND	['manʔ]
DESCONTOS	RABAT	[ʁɑ'bat]
SALDOS, PROMOÇÃO	UDSALG	['uðˌsalʔ]
NOVIDADE!	NYHED!	['nyheðʔ]
GRÁTIS	GRATIS	['gʁɑːtis]
ATENÇÃO!	PAS PÅ!	['pas 'pɔ]
NÃO HÁ VAGAS	INGEN LEDIGE VÆRELSER	['eŋən 'leːðiə 'væɐ̯ʌlsʌ]
RESERVADO	RESERVERET	[ʁɛsæɐ̯'veʔʌð]
ADMINISTRAÇÃO	ADMINISTRATION	[aðministʁɑ'ɕoʔn]
SOMENTE PESSOAL AUTORIZADO	KUN FOR PERSONALE	['kɔn fʌ pæɐ̯so'næːlə]
CUIDADO CÃO FEROZ	HER VOGTER JEG	['hɛʔɐ̯ 'vʌgtʌ 'jaj]
PROIBIDO FUMAR!	RYGNING FORBUDT	['ʁyːneŋ fʌ'byʔð]
NÃO TOCAR	MÅ IKKE BERØRES!	[mɔ 'ekə be'ʁœʔʌs]
PERIGOSO	FARLIG	['fɑːli]
PERIGO	FARE	['fɑːɑ]
ALTA TENSÃO	HØJSPÆNDING	['hʌjˌspɛneŋ]
PROIBIDO NADAR	BADNING FORBUDT	['bæːðneŋ fʌ'byʔð]
COM DEFEITO	UDE AF DRIFT	['uːðə a 'dʁɛft]
INFLAMÁVEL	BRANDFARLIG	['bʁanˌfɑːli]
PROIBIDO	FORBUDT	[fʌ'byʔt]
ENTRADA PROIBIDA	ADGANG FORBUDT	['aðˌgɑŋʔ fʌ'byʔð]
CUIDADO TINTA FRESCA	NYMALET	['nyˌmæʔləð]

56. Transportes urbanos

ônibus (m)	bus (f)	['bus]
bonde (m) elétrico	sporvogn (f)	['spoɐ̯ˌvɒwʔn]
trólebus (m)	trolleybus (f)	['tʁʌliˌbus]
rota (f), itinerário (m)	rute (f)	['ʁuːtə]
número (m)	nummer (i)	['nɔmʔʌ]
ir de ... (carro, etc.)	at køre på ...	[ʌ 'køːʌ 'pɔʔ ...]
entrar no ...	at stå på ...	[ʌ stɔʔ 'pɔʔ ...]

descer do ...	at stå af ...	[ʌ sto' 'æ' ...]
parada (f)	stop, stoppested (i)	['stʌp], ['stʌpəstɛð]
próxima parada (f)	næste station (f)	['nɛstə sta'ɕo'n]
terminal (m)	endestation (f)	['ɛnəsta'ɕo'n]
horário (m)	køreplan (f)	['kø:ʌˌplæ'n]
esperar (vt)	at vente	[ʌ 'vɛntə]

passagem (f)	billet (f)	[bi'lɛt]
tarifa (f)	billetpris (f)	[bi'lɛtˌpʁi's]

bilheteiro (m)	kasserer (f)	[ka'se'ʌ]
controle (m) de passagens	billetkontrol (f)	[bi'lɛt kɔn'tʁʌl']
revisor (m)	kontrollør (f)	[kʌntʁo'lø'g̊]

atrasar-se (vr)	at komme for sent	[ʌ 'kʌmə fʌ 'se'nt]
perder (o autocarro, etc.)	at komme for sent til ...	[ʌ 'kʌmə fʌ 'se'nt tel ...]
estar com pressa	at skynde sig	[ʌ 'skønə saj]

táxi (m)	taxi (f)	['toksi]
taxista (m)	taxichauffør (f)	['toksi ɕo'fø'g̊]
de táxi (ir ~)	i taxi	[i 'toksi]
ponto (m) de táxis	taxiholdeplads (f)	['toksi 'hʌləˌplas]
chamar um táxi	at bestille en taxi	[ʌ be'stel'ə en 'toksi]
pegar um táxi	at tage en taxi	[ʌ 'tæ' en 'toksi]

tráfego (m)	trafik (f)	[tʁɑ'fik]
engarrafamento (m)	trafikprop (f)	[tʁɑ'fikˌpʁʌp]
horas (f pl) de pico	myldretid (f)	['mylʁʌˌtið']
estacionar (vi)	at parkere	[ʌ pɑ'ke'ʌ]
estacionar (vt)	at parkere	[ʌ pɑ'ke'ʌ]
parque (m) de estacionamento	parkeringsplads (f)	[pɑ'ke'g̊eŋsˌplas]

metrô (m)	metro (f)	['me:tʁo]
estação (f)	station (f)	[sta'ɕo'n]
ir de metrô	at køre med metroen	[ʌ 'kø:ʌ mɛ 'metʁo:ən]
trem (m)	tog (i)	['tɔ'w]
estação (f) de trem	banegård (f)	['bæ:nəˌgɒ']

57. Turismo

monumento (m)	monument (i)	[monu'mɛn't]
fortaleza (f)	fæstning (f)	['fɛstneŋ]
palácio (m)	palads (i)	[pa'las]
castelo (m)	slot (i), borg (f)	['slʌt], ['bɒ'w]
torre (f)	tårn (i)	['tɒ'n]
mausoléu (m)	mausoleum (i)	[mɑwso'lɛ:ɔm]

arquitetura (f)	arkitektur (f)	[ɑkitɛk'tug̊']
medieval (adj)	middelalderlig	['miðəlˌal'ʌli]
antigo (adj)	gammel	['gaməl]
nacional (adj)	national	[naɕo'næ'l]
famoso, conhecido (adj)	kendt, berømt	['kɛn't], [be'ʁœm't]
turista (m)	turist (f)	[tu'ʁist]
guia (pessoa)	guide (f)	['gajd]

excursão (f)	udflugt (f)	['uð̩ˌflɔgt]
mostrar (vt)	at vise	[ʌ 'viːsə]
contar (vt)	at fortælle	[ʌ fʌ'tɛl'ə]

encontrar (vt)	at finde	[ʌ 'fenə]
perder-se (vr)	at gå vild	[ʌ gɔ' 'vil']
mapa (~ do metrô)	kort (i)	['kɒːt]
mapa (~ da cidade)	kort (i)	['kɒːt]

lembrança (f), presente (m)	souvenir (f)	[suvə'niːɐ̯]
loja (f) de presentes	souvenirforretning (f)	[suvə'niːɐ̯ fʌ'ʁatnen]
tirar fotos, fotografar	at fotografere	[ʌ fotogʁɑ'fe'ʌ]
fotografar-se (vr)	at blive fotograferet	[ʌ 'bliːə fotogʁɑ:'fe'ʌð]

58. Compras

comprar (vt)	at købe	[ʌ 'køːbə]
compra (f)	indkøb (i)	['enˌkøˀb]
fazer compras	at gå på indkøb	[ʌ gɔ' pɔ 'enˌkøˀb]
compras (f pl)	shopping (f)	['ɕʌpeŋ]

| estar aberta (loja) | at være åben | [ʌ 'vɛːʌ 'ɔːbən] |
| estar fechada | at være lukket | [ʌ 'vɛːʌ 'lɔkəð] |

calçado (m)	sko (f)	['skoˀ]
roupa (f)	klæder (i pl)	['klɛːðʌ]
cosméticos (m pl)	kosmetik (f)	[kʌsmə'tik]
alimentos (m pl)	madvarer (f pl)	['maðvɑːʌ]
presente (m)	gave (f)	['gæːvə]

| vendedor (m) | sælger (f) | ['sɛljʌ] |
| vendedora (f) | sælger (f) | ['sɛljʌ] |

caixa (f)	kasse (f)	['kasə]
espelho (m)	spejl (i)	['spɑj'l]
balcão (m)	disk (f)	['disk]
provador (m)	prøverum (i)	['pʁœːwəˌʁɔmˀ]

provar (vt)	at prøve	[ʌ 'pʁœːwə]
servir (roupa, caber)	at passe	[ʌ 'pasə]
gostar (apreciar)	at kunne lide	[ʌ 'kunə 'liːðə]

preço (m)	pris (f)	['pʁiˀs]
etiqueta (f) de preço	prismærke (i)	['pʁisˌmæɐ̯kə]
custar (vt)	at koste	[ʌ 'kʌstə]
Quanto?	Hvor meget?	[vɒˀ 'mɑɑð]
desconto (m)	rabat (f)	[ʁɑ'bat]

não caro (adj)	billig	['bili]
barato (adj)	billig	['bili]
caro (adj)	dyr	['dyɐ̯ˀ]
É caro	Det er dyrt	[de 'æɐ̯ 'dyɐ̯ˀt]
aluguel (m)	leje (f)	['lɑjə]
alugar (roupas, etc.)	at leje	[ʌ 'lɑjə]

crédito (m)	**kredit** (f)	[kʁɛ'dit]
a crédito	**på kredit**	[pɔ kʁɛ'dit]

59. Dinheiro

dinheiro (m)	**penge** (pl)	['pɛŋə]
câmbio (m)	**veksling** (f)	['vɛksleŋ]
taxa (f) de câmbio	**kurs** (f)	['kuɐ̯'s]
caixa (m) eletrônico	**pengeautomat** (f)	['pɛŋə awto'mæʔt]
moeda (f)	**mønt** (f)	['mønʔt]

dólar (m)	**dollar** (f)	['dʌlʌ]
euro (m)	**euro** (f)	['œwʁo]

lira (f)	**lire** (f)	['liːʌ]
marco (m)	**mark** (f)	['mɑːk]
franco (m)	**franc** (f)	['fʁaŋʔk]
libra (f) esterlina	**engelske pund** (i)	['ɛŋʔəlskə punʔ]
iene (m)	**yen** (f)	['jɛn]

dívida (f)	**gæld** (f)	['gɛlʔ]
devedor (m)	**skyldner** (f)	['skylnʌ]
emprestar (vt)	**at låne ud**	[ʌ 'lɔːnə ˌuðʔ]
pedir emprestado	**at låne**	[ʌ 'lɔːnə]

banco (m)	**bank** (f)	['baŋʔk]
conta (f)	**konto** (f)	['kʌnto]
depositar (vt)	**at indsætte**	[ʌ 'enˌsɛtə]
depositar na conta	**at sætte ind på kontoen**	[ʌ 'sɛtə 'enʔ pɔ 'kʌntoːən]
sacar (vt)	**at hæve fra kontoen**	[ʌ 'hɛːvə fʁa 'kʌntoːən]

cartão (m) de crédito	**kreditkort** (i)	[kʁɛ'dit kɒːt]
dinheiro (m) vivo	**kontanter** (pl)	[kɔn'tanʔtʌ]
cheque (m)	**check** (f)	['ɕɛk]
passar um cheque	**at skrive en check**	[ʌ 'skʁiːvə en 'ɕɛk]
talão (m) de cheques	**checkhæfte** (i)	['ɕɛkˌhɛftə]

carteira (f)	**tegnebog** (f)	['tajnəˌbɔʔw]
niqueleira (f)	**pung** (f)	['pɔŋʔ]
cofre (m)	**pengeskab** (i)	['pɛŋəˌskæʔb]

herdeiro (m)	**arving** (f)	['aːveŋ]
herança (f)	**arv** (f)	['aʔw]
fortuna (riqueza)	**formue** (f)	['fɒːˌmuːə]

arrendamento (m)	**leje** (f)	['lɑjə]
aluguel (pagar o ~)	**husleje** (f)	['husˌlɑjə]
alugar (vt)	**at leje**	[ʌ 'lɑjə]

preço (m)	**pris** (f)	['pʁiʔs]
custo (m)	**omkostning** (f)	['ʌmˌkʌstneŋ]
soma (f)	**sum** (f)	['sɔmʔ]
gastar (vt)	**at bruge**	[ʌ 'bʁuːə]
gastos (m pl)	**udgifter** (f pl)	['uðˌgiftʌ]

economizar (vi)	at spare	[ʌ 'spɑːɑ]
econômico (adj)	sparsommelig	[spɑ'sʌmˀəli]
pagar (vt)	at betale	[ʌ be'tæˀlə]
pagamento (m)	betaling (f)	[be'tæˀleŋ]
troco (m)	byttepenge (pl)	['bytəˌpɛŋə]
imposto (m)	skat (f)	['skat]
multa (f)	bøde (f)	['bøːðə]
multar (vt)	at give bødestraf	[ʌ 'giˀ 'bøːðəˌstʁaf]

60. Correios. Serviço postal

agência (f) dos correios	postkontor (i)	['pʌst kɔn'toˀɐ̯]
correio (m)	post (f)	['pʌst]
carteiro (m)	postbud (i)	['pʌstˌbuð]
horário (m)	åbningstid (f)	['ɔːbneŋsˌtiðˀ]
carta (f)	brev (i)	['bʁɛwˀ]
carta (f) registada	rekommanderet brev (i)	[ʁɛkɔman'deˀʌð 'bʁɛwˀ]
cartão (m) postal	postkort (i)	['pʌstˌkɒːt]
telegrama (m)	telegram (i)	[telə'gʁɑmˀ]
encomenda (f)	postpakke (f)	['pʌstˌpakə]
transferência (f) de dinheiro	pengeoverførsel (f)	['pɛŋə 'ɒwʌˌføɐ̯ˀsəl]
receber (vt)	at modtage	[ʌ 'moðˌtæˀ]
enviar (vt)	at sende	[ʌ 'sɛnə]
envio (m)	afsendelse (f)	['ɑwˌsɛnˀəlsə]
endereço (m)	adresse (f)	[a'dʁasə]
código (m) postal	postnummer (i)	['pʌstˌnɔmˀʌ]
remetente (m)	afsender (f)	['ɑwˌsɛnˀʌ]
destinatário (m)	modtager (f)	['moðˌtæˀjʌ]
nome (m)	fornavn (i)	['fɒːˌnɑwˀn]
sobrenome (m)	efternavn (i)	['ɛftʌˌnɑwˀn]
tarifa (f)	tarif (f)	[tɑ'ʁif]
ordinário (adj)	vanlig	['væˀnli]
econômico (adj)	økonomisk	[øko'noˀmisk]
peso (m)	vægt (f)	['vɛgt]
pesar (estabelecer o peso)	at veje	[ʌ 'vɑjə]
envelope (m)	konvolut, kuvert (f)	[kɔnvo'lut], [ku'væɐ̯t]
selo (m) postal	frimærke (i)	['fʁiˌmæɐ̯kə]
colar o selo	at frankere	[ʌ fʁaŋ'keˀʌ]

Moradia. Casa. Lar

61. Casa. Eletricidade

eletricidade (f)	elektricitet (f)	[elɛktʁisi'te'ˀt]
lâmpada (f)	elpære (f)	['ɛlˌpɛ'ˀʌ]
interruptor (m)	afbryder (f)	['awˌbʁyð'ʌ]
fusível, disjuntor (m)	sikring (f)	['sekʁɛŋ]
fio, cabo (m)	ledning (f)	['leðneŋ]
instalação (f) elétrica	ledningsnet (i)	['leðneŋsˌnɛt]
medidor (m) de eletricidade	elmåler (f)	['ɛlˌmɔ:lʌ]
indicação (f), registro (m)	aflæsninger (f pl)	['awˌlɛ'ˀsneŋʌ]

62. Moradia. Mansão

casa (f) de campo	fritidshus (i)	['fʁitiðsˌhu'ˀs]
vila (f)	villa (f)	['vila]
ala (~ do edifício)	fløj (f)	['flʌj'ˀ]
jardim (m)	have (f)	['hæ:və]
parque (m)	park (f)	['pɑ:k]
estufa (f)	drivhus (i)	['dʁiwˌhu'ˀs]
cuidar de ...	at tage vare	[ʌ 'tæ'ˀ 'va:ɑ]
piscina (f)	svømmebassin (i)	['svœməbaˌsɛŋ]
academia (f) de ginástica	gym (i)	['dʒy:m'ˀ]
quadra (f) de tênis	tennisbane (f)	['tɛnisˌbæ:nə]
cinema (m)	hjemmebio (f)	['jɛməˌbi:o]
garagem (f)	garage (f)	[ga'ʁɑ:çə]
propriedade (f) privada	privat ejendom (f)	[pʁi'væ'ˀt 'ajənˌdʌm'ˀ]
terreno (m) privado	privat grund (f)	[pʁi'væ'ˀt 'gʁɔn'ˀ]
advertência (f)	advarsel (f)	['aðˌva:səl]
sinal (m) de aviso	advarselsskilt (i)	['aðˌva:səls 'skel'ˀt]
guarda (f)	sikkerhed (f)	['sekʌˌheð'ˀ]
guarda (m)	sikkerhedsvagt (f)	['sekʌˌheðs 'vagt]
alarme (m)	tyverialarm (f)	[tywʌ'ʁi a'lɑ'ˀm]

63. Apartamento

apartamento (m)	lejlighed (f)	['lajliˌheð'ˀ]
quarto, cômodo (m)	rum, værelse (i)	['ʁɔm'ˀ], ['væɐ̯ʌlsə]
quarto (m) de dormir	soveværelse (i)	['sɒwəˌvæɐ̯ʌlsə]

sala (f) de jantar	spisestue (f)	['spiːsəˌstuːə]
sala (f) de estar	dagligstue (f)	['dɑwliˌstuːə]
escritório (m)	arbejdsværelse (i)	['ɑːbɑjdsˌvæɐ̯ʌlsə]
sala (f) de entrada	entre (f), forstue (f)	[ɑŋ'tʁɛ], ['fɒˌstuːə]
banheiro (m)	badeværelse (i)	['bæːðəˌvæɐ̯ʌlsə]
lavabo (m)	toilet (i)	[toa'lɛt]
teto (m)	loft (i)	['lʌft]
chão, piso (m)	gulv (i)	['gɔl]
canto (m)	hjørne (i)	['jœɐ̯ˀnə]

64. Mobiliário. Interior

mobiliário (m)	møbler (pl)	['møˀblʌ]
mesa (f)	bord (i)	['boˀɐ̯]
cadeira (f)	stol (f)	['stoˀl]
cama (f)	seng (f)	['sɛŋˀ]
sofá, divã (m)	sofa (f)	['soːfa]
poltrona (f)	lænestol (f)	['lɛːnəˌstoˀl]
estante (f)	bogskab (i)	['bɔwˌskæːb]
prateleira (f)	hylde (f)	['hylə]
guarda-roupas (m)	klædeskab (i)	['klɛːðəˌskæˀb]
cabide (m) de parede	knagerække (f)	['knæːjəˌʁakə]
cabideiro (m) de pé	stumtjener (f)	['stɔmˌtjɛːnʌ]
cômoda (f)	kommode (f)	[ko'moːðə]
mesinha (f) de centro	sofabord (i)	['soːfaˌboˀɐ̯]
espelho (m)	spejl (i)	['spɑjˀl]
tapete (m)	tæppe (i)	['tɛpə]
tapete (m) pequeno	lille tæppe (i)	['lilə 'tɛpə]
lareira (f)	pejs (f), kamin (f)	['pɑjˀs], [ka'miˀn]
vela (f)	lys (i)	['lyˀs]
castiçal (m)	lysestage (f)	['lysəˌstæːjə]
cortinas (f pl)	gardiner (i pl)	[ga'diˀnʌ]
papel (m) de parede	tapet (i)	[ta'peˀt]
persianas (f pl)	persienne (f)	[pæɐ̯'ɕɛnə]
luminária (f) de mesa	bordlampe (f)	['boɐ̯ˌlampə]
luminária (f) de parede	væglampe (f)	['vɛgˌlampə]
abajur (m) de pé	standerlampe (f)	['stanʌˌlampə]
lustre (m)	lysekrone (f)	['lysəˌkʁoːnə]
pé (de mesa, etc.)	ben (i)	['beˀn]
braço, descanso (m)	armlæn (i)	['ɑˀmˌlɛˀn]
costas (f pl)	ryg (f), ryglæn (i)	['ʁœg], ['ʁœgˌlɛˀn]
gaveta (f)	skuffe (f)	['skɔfə]

65. Quarto de dormir

roupa (f) de cama	sengetøj (i)	['sɛŋəˌtʌj]
travesseiro (m)	pude (f)	['puːðə]
fronha (f)	pudebetræk (i)	['puːðə be'tʁak]
cobertor (m)	dyne (f)	['dyːnə]
lençol (m)	lagen (i)	['læjˀən]
colcha (f)	sengetæppe (i)	['sɛŋəˌtɛpə]

66. Cozinha

cozinha (f)	køkken (i)	['køkən]
gás (m)	gas (f)	['gas]
fogão (m) a gás	gaskomfur (i)	['gasˌkɔm'fuɐ̯ˀ]
fogão (m) elétrico	elkomfur (i)	['ɛlˌkɔm'fuɐ̯ˀ]
forno (m)	bageovn (f)	['bæːjəˌɒwˀn]
forno (m) de micro-ondas	mikroovn (f)	['mikʁoˌɒwˀn]
geladeira (f)	køleskab (i)	['køːləˌskæˀb]
congelador (m)	fryser (f)	['fʁyːsʌ]
máquina (f) de lavar louça	opvaskemaskine (f)	[ʌp'vaskə ma'skiːnə]
moedor (m) de carne	kødhakker (f)	['køðˌhakʌ]
espremedor (m)	juicepresser (f)	['dʒuːsˌpʁasʌ]
torradeira (f)	brødrister, toaster (f)	['bʁœðˌʁɛstʌ], ['tɔwstʌ]
batedeira (f)	mikser, mixer (f)	['meksʌ]
máquina (f) de café	kaffemaskine (f)	['kafə ma'skiːnə]
cafeteira (f)	kaffekande (f)	['kafəˌkanə]
moedor (m) de café	kaffekværn (f)	['kafəˌkvæɐ̯ˀn]
chaleira (f)	kedel (f)	['keðəl]
bule (m)	tekande (f)	['teˌkanə]
tampa (f)	låg (i)	['lɔˀw]
coador (m) de chá	tesi (f)	['teˀˌsiˀ]
colher (f)	ske (f)	['skeˀ]
colher (f) de chá	teske (f)	['teˀˌskeˀ]
colher (f) de sopa	spiseske (f)	['spiːsəˌskeˀ]
garfo (m)	gaffel (f)	['gafəl]
faca (f)	kniv (f)	['kniwˀ]
louça (f)	service (i)	[sæɐ̯'viːsə]
prato (m)	tallerken (f)	[ta'læɐ̯kən]
pires (m)	underkop (f)	['ɔnʌˌkʌp]
cálice (m)	shotglas (i)	['ɕʌtˌglas]
copo (m)	glas (i)	['glas]
xícara (f)	kop (f)	['kʌp]
açucareiro (m)	sukkerskål (f)	['sɔkʌˌskɔˀl]
saleiro (m)	saltbøsse (f)	['saltˌbøsə]
pimenteiro (m)	peberbøsse (f)	['pewʌˌbøsə]

manteigueira (f)	smørskål (f)	['smœɐ̯ˌskɔʔl]
panela (f)	gryde (f)	['gʁy:ðə]
frigideira (f)	stegepande (f)	['stajəˌpanə]
concha (f)	slev (f)	['slewˀ]
coador (m)	dørslag (i)	['dœɐ̯ˌslæʔj]
bandeja (f)	bakke (f)	['bɑkə]

garrafa (f)	flaske (f)	['flaskə]
pote (m) de vidro	glasdåse (f)	['glasˌdɔ:sə]
lata (~ de cerveja)	dåse (f)	['dɔ:sə]

abridor (m) de garrafa	oplukker (f)	['ʌpˌlɔkʌ]
abridor (m) de latas	dåseåbner (f)	['dɔ:səˌɔ:bnʌ]
saca-rolhas (m)	proptrækker (f)	['pʁʌpˌtʁakʌ]
filtro (m)	filter (i)	['filˀtʌ]
filtrar (vt)	at filtrere	[ʌ filˈtʁɛʔʌ]

| lixo (m) | affald, skrald (i) | ['ɑwˌfalˀ], ['skʁalˀ] |
| lixeira (f) | skraldespand (f) | ['skʁaləˌspanˀ] |

67. Casa de banho

banheiro (m)	badeværelse (i)	['bæ:ðəˌvæɐ̯ʌlsə]
água (f)	vand (i)	['vanˀ]
torneira (f)	hane (f)	['hæ:nə]
água (f) quente	varmt vand (i)	['vɑʔmt vanˀ]
água (f) fria	koldt vand (i)	['kʌlt vanˀ]

pasta (f) de dente	tandpasta (f)	['tanˌpasta]
escovar os dentes	at børste tænder	[ʌ 'bœɐ̯stə 'tɛnʌ]
escova (f) de dente	tandbørste (f)	['tanˌbœɐ̯stə]

barbear-se (vr)	at barbere sig	[ʌ bɑ'be̞ʔʌ sɑj]
espuma (f) de barbear	barberskum (i)	[bɑ'be̞ʔɐ̯ˌskɔmˀ]
gilete (f)	skraber (f)	['skʁɑ:bʌ]

lavar (vt)	at vaske	[ʌ 'vaskə]
tomar banho	at vaske sig	[ʌ 'vaskə sɑj]
chuveiro (m), ducha (f)	brusebad (i)	['bʁu:səˌbɑð]
tomar uma ducha	at tage brusebad	[ʌ 'tæʔ 'bʁu:səˌbɑð]

banheira (f)	badekar (i)	['bæ:ðəˌkɑ]
vaso (m) sanitário	toiletkumme (f)	[toa'lɛt 'kɔmə]
pia (f)	håndvask (f)	['hʌnˀˌvask]

| sabonete (m) | sæbe (f) | ['sɛ:bə] |
| saboneteira (f) | sæbeskål (f) | ['sɛ:bəˌskɔʔl] |

esponja (f)	svamp (f)	['svɑmˀp]
xampu (m)	shampoo (f)	['ɕæ:mˌpu:]
toalha (f)	håndklæde (i)	['hʌnˌklɛ:ðə]
roupão (m) de banho	badekåbe (f)	['bæ:ðəˌkɔ:bə]
lavagem (f)	vask (f)	['vask]
lavadora (f) de roupas	vaskemaskine (f)	['vaskə ma'ski:nə]

| lavar a roupa | at vaske tøj | [ʌ 'vaskə 'tʌj] |
| detergente (m) | vaskepulver (i) | ['vaskə̩pɔl'vʌ] |

68. Eletrodomésticos

televisor (m)	tv, fjernsyn (i)	['teˀˌveˀ], ['fjæŋnˌsyˀn]
gravador (m)	båndoptager (f)	['bɒnˌʌbtæˀʌ]
videogravador (m)	video (f)	['viˀdjo]
rádio (m)	radio (i)	['ʁaˀdjo]
leitor (m)	afspiller (f)	['awˌspelˀʌ]

projetor (m)	projektor (f)	[pʁo'ɕɛktʌ]
cinema (m) em casa	hjemmebio (f)	['jɛməˌbiːo]
DVD Player (m)	dvd-afspiller (f)	[deve'deˀ awˀspelˀʌ]
amplificador (m)	forstærker (f)	[fʌ'stæg̊kʌ]
console (f) de jogos	spillekonsol (f)	['spelə kɔn'sʌlˀ]

câmera (f) de vídeo	videokamera (i)	['viˀdjo ˌkæˀmeʁa]
máquina (f) fotográfica	kamera (i)	['kæˀmeʁa]
câmera (f) digital	digitalkamera (i)	[digi'tæˀl ˌkæˀmeʁa]

aspirador (m)	støvsuger (f)	['støwˌsuˀʌ]
ferro (m) de passar	strygejern (i)	['stʁyəˌjæg̊ˀn]
tábua (f) de passar	strygebræt (i)	['stʁyəˌbʁat]

telefone (m)	telefon (f)	[teləˀfoˀn]
celular (m)	mobiltelefon (f)	[mo'bil teləˀfoˀn]
máquina (f) de escrever	skrivemaskine (f)	['skʁiːvə ma'skiːnə]
máquina (f) de costura	symaskine (f)	['symaˌskiːnə]

microfone (m)	mikrofon (f)	[mikʁoˀfoˀn]
fone (m) de ouvido	hovedtelefoner (f pl)	['hoːəð teləˀfoˀnʌ]
controle remoto (m)	fjernbetjening (f)	['fjæŋn be'tjɛˀnen]

CD (m)	cd (f)	[se'deˀ]
fita (f) cassete	kassette (f)	[ka'sɛtə]
disco (m) de vinil	plade (f)	['plæːðə]

ATIVIDADES HUMANAS

Emprego. Negócios. Parte 1

69. Escritório. O trabalho no escritório

escritório (~ de advogados)	**kontor** (i)	[kɔn'to'g̹]
escritório (do diretor, etc.)	**kontor** (i)	[kɔn'to'g̹]
recepção (f)	**reception** (f)	[ʁɛsəp'ɕo'n]
secretário (m)	**sekretær** (f)	[sekʁə'tɛ'g̹]
secretária (f)	**sekretær** (f)	[sekʁə'tɛ'g̹]
diretor (m)	**direktør** (f)	[diɡ̹ək'tø'g̹]
gerente (m)	**manager** (f)	['manidjʌ]
contador (m)	**bogholder** (f)	['bɔw‚hʌlʌ]
empregado (m)	**ansat** (f)	['ansət]
mobiliário (m)	**møbler** (pl)	['mø'blʌ]
mesa (f)	**bord** (i)	['bo'g̹]
cadeira (f)	**arbejdsstol** (f)	['a:bajds‚sto'l]
gaveteiro (m)	**skuffeboks** (f)	['skɔfə‚bʌks]
cabideiro (m) de pé	**stumtjener** (f)	['stɔm‚tjɛ:nʌ]
computador (m)	**computer** (f)	[kʌm'pju:tʌ]
impressora (f)	**skriver, printer** (f)	['skʁi:vʌ], ['pʁɛntʌ]
fax (m)	**fax** (f)	['faks]
fotocopiadora (f)	**kopimaskine** (f)	[ko'pi ma'ski:nə]
papel (m)	**papir** (i)	[pa'piɡ̹']
artigos (m pl) de escritório	**kontorartikler** (f pl)	[kɔn'to'g̹‚a'tiklʌ]
tapete (m) para mouse	**musemåtte** (f)	['mu:sə‚mʌtə]
folha (f)	**ark** (i)	['a:k]
pasta (f)	**mappe** (f)	['mapə]
catálogo (m)	**katalog** (i, f)	[kata'lo']
lista (f) telefônica	**telefonbog** (f)	[telə'fo:n‚bɔ'w]
documentação (f)	**dokumentation** (f)	[dokumɛnta'ɕo'n]
brochura (f)	**brochure** (f)	[bʁo'ɕy:ʌ]
panfleto (m)	**reklameblad** (i)	[ʁɛ'klæ:mə‚blað]
amostra (f)	**prøve** (f)	['pʁœ:wə]
formação (f)	**træning** (f)	['tʁɛ:neŋ]
reunião (f)	**møde** (i)	['mø:ðə]
hora (f) de almoço	**frokostpause** (f)	['fʁɔkʌst‚pawsə]
fazer uma cópia	**at lave en kopi**	[ʌ 'læ:və en ko'pi']
tirar cópias	**at kopiere**	[ʌ ko'pje'ʌ]
receber um fax	**at modtage en fax**	[ʌ 'moð‚tæ' en 'faks]
enviar um fax	**at sende en fax**	[ʌ 'sɛnə en 'faks]

fazer uma chamada	at ringe	[ʌ 'ʁɛŋə]
responder (vt)	at svare	[ʌ 'svɑːɑ]
passar (vt)	at give ...	[ʌ 'giˀ ...]
marcar (vt)	at arrangere	[ʌ aaŋ'ɕeˀʌ]
demonstrar (vt)	at demonstrere	[ʌ demɔn'stʁɛˀʌ]
estar ausente	at være fraværende	[ʌ 'vɛːʌ 'fʁɑˌvɛˀʌnə]
ausência (f)	fravær (i)	['fʁɑˌvɛˀɐ̯]

70. Processos negociais. Parte 1

negócio (m)	forretning (f)	[fʌ'ʁatnɛŋ]
ocupação (f)	erhverv (i), stilling (f)	[æɐ̯'væɐ̯ˀw], ['stelɛŋ]
firma, empresa (f)	firma (i)	['fiɐ̯ma]
companhia (f)	selskab (i)	['sɛlˌskæˀb]
corporação (f)	korporation (f)	[kɒpoʁɑ'ɕoˀn]
empresa (f)	foretagende (i)	['foːɒˌtæˀjənə]
agência (f)	agentur (i)	[agɛn'tuɐ̯ˀ]

acordo (documento)	aftale (f)	['awˌtæːlə]
contrato (m)	kontrakt (f)	[kɔn'tʁakt]
acordo (transação)	aftale (f)	['awˌtæːlə]
pedido (m)	bestilling (f)	[be'stelˀeŋ]
termos (m pl)	vilkår (i)	['vilˌkɒˀ]

por atacado	en gros	[aŋ'gʁo]
por atacado (adj)	engros-	[aŋ'gʁo-]
venda (f) por atacado	engroshandel (f)	[aŋ'gʁoˌhanˀəl]
a varejo	detail-	[de'tajl-]
venda (f) a varejo	detailhandel (f)	[de'tajlˌhanˀəl]

concorrente (m)	konkurrent (f)	[kʌŋko'ʁanˀt]
concorrência (f)	konkurrence (f)	[kʌŋko'ʁaŋsə]
competir (vi)	at konkurrere	[ʌ kʌŋko'ʁɛˀʌ]

sócio (m)	partner (f)	['pɑːtnʌ]
parceria (f)	partnerskab (i)	['pɑːtnʌˌskæˀb]

crise (f)	krise (f)	['kʁiˀsə]
falência (f)	konkurs (f)	[kʌŋ'kuɐ̯ˀs]
entrar em falência	at gå konkurs	[ʌ 'gɔˀ kʌŋ'kuɐ̯ˀs]
dificuldade (f)	vanskelighed (f)	['vanskeliˌheðˀ]
problema (m)	problem (i)	[pʁo'bleˀm]
catástrofe (f)	katastrofe (f)	[kata'stʁoːfə]

economia (f)	økonomi (f)	[økono'miˀ]
econômico (adj)	økonomisk	[øko'noˀmisk]
recessão (f) econômica	økonomisk nedgang (f)	[øko'noˀmisk 'neðˌgaŋˀ]

objetivo (m)	mål (i)	['mɔˀl]
tarefa (f)	opgave (f)	['ʌpˌgæːvə]

comerciar (vi, vt)	at handle	[ʌ 'hanlə]
rede (de distribuição)	netværk (i)	['nɛtˌvæɐ̯k]

| estoque (m) | lager (i) | ['læ'jʌ] |
| sortimento (m) | sortiment (i) | [sɒti'mɑŋ] |

líder (m)	leder (f)	['le:ðʌ]
grande (~ empresa)	stor	['sto'ɐ̯]
monopólio (m)	monopol (i)	[mono'po'l]

teoria (f)	teori (f)	[teo'ʁi']
prática (f)	praksis (f)	['pʁɑksis]
experiência (f)	erfaring (f)	[æɐ̯'fa'eŋ]
tendência (f)	tendens (f)	[tɛn'dɛn's]
desenvolvimento (m)	udvikling (f)	['uð̩veklɛŋ]

71. Processos negociais. Parte 2

| rentabilidade (f) | udbytte (i), fordel (f) | ['uð̩bytə], ['fɒ:ˌde'l] |
| rentável (adj) | fordelagtig | [fɒdel'ɑgdi] |

delegação (f)	delegation (f)	[deləga'ɕo'n]
salário, ordenado (m)	løn (f)	['lœn']
corrigir (~ um erro)	at rette	[ʌ 'ʁatə]
viagem (f) de negócios	forretningsrejse (f)	[fʌ'ʁatneŋsˌʁajsə]
comissão (f)	provision (f)	[pʁovi'ɕo'n]

controlar (vt)	at kontrollere	[ʌ kʌntʁo'le'ʌ]
conferência (f)	konference (f)	[kʌnfe'ʁɑŋsə]
licença (f)	licens (f)	[li'sɛn's]
confiável (adj)	pålidelig	[pʌ'lið'əli]

empreendimento (m)	initiativ (i)	[enitia'tiw']
norma (f)	norm (f)	['nɒ'm]
circunstância (f)	omstændighed (f)	[ʌm'stɛn'diˌheð']
dever (do empregado)	pligt (f)	['plegt]

empresa (f)	organisation (f)	[ɒganisa'ɕo'n]
organização (f)	organisering (f)	[ɒgani'se'ɐ̯eŋ]
organizado (adj)	organiseret	[ɒgani'se'ʌð]
anulação (f)	annullering (f)	[anu'le'ʁeŋ]
anular, cancelar (vt)	at aflyse, at annullere	[ʌ 'awˌly'sə], [ʌ anu'le'ʌ]
relatório (m)	rapport (f)	[ʁa'pɒ:t]

patente (f)	patent (i)	[pa'tɛn't]
patentear (vt)	at patentere	[ʌ patən'te'ʌ]
planejar (vt)	at planlægge	[ʌ 'plæ:nˌlɛgə]

bônus (m)	bonus (f), gratiale (i)	['bo:nus], [gʁati'æ:lə]
profissional (adj)	professionel	[pʁo'fɛɕoˌnɛl']
procedimento (m)	procedure (f)	[pʁosə'dy:ʌ]

examinar (~ a questão)	at undersøge	[ʌ 'ɔnʌˌsø:jə]
cálculo (m)	beregning (f)	[be'ʁaj'nen]
reputação (f)	rygte (i)	['ʁœgtə]
risco (m)	risiko (f)	['ʁisiko]
dirigir (~ uma empresa)	at styre, at lede	[ʌ 'sty:ʌ], [ʌ 'le:ðə]

informação (f)	oplysninger (f pl)	['ʌpˌlyˀsneŋʌ]
propriedade (f)	ejendom (f)	['ajənˌdʌmˀ]
união (f)	forbund (i)	['foːˌbɔnˀ]

seguro (m) de vida	livsforsikring (f)	['liwsfʌˌsekʁɛŋ]
fazer um seguro	at forsikre	[ʌ fʌ'sekʁʌ]
seguro (m)	forsikring (f)	[fʌ'sekʁɛŋ]

leilão (m)	auktion (f)	[awk'ɕoˀn]
notificar (vt)	at underrette	[ʌ 'ɔnʌˌʁatə]
gestão (f)	ledelse (f)	['leːðəlsə]
serviço (indústria de ~s)	tjeneste (f)	['tjɛːnəstə]

fórum (m)	forum (i)	['foːʁɔm]
funcionar (vi)	at fungere	[ʌ foŋ'geˀʌ]
estágio (m)	etape (f)	[e'tapə]
jurídico, legal (adj)	juridisk	[ju'ʁiðˀisk]
advogado (m)	jurist (f)	[ju'ʁist]

72. Produção. Trabalhos

usina (f)	værk (i)	['væɐ̯k]
fábrica (f)	fabrik (f)	[fɑ'bʁɛk]
oficina (f)	værksted (i)	['væɐ̯kˌstɛð]
local (m) de produção	produktionssted (i)	[pʁodok'ɕoˀnˌstɛð]

indústria (f)	industri (f)	[endu'stʁiˀ]
industrial (adj)	industriel	[endusdʁi'ɛlˀ]
indústria (f) pesada	tung industri (f)	['toŋ enduˌstʁiˀ]
indústria (f) ligeira	let industri (f)	[ˌlɛt endu'stʁiˀ]

produção (f)	produktion (f)	[pʁodok'ɕoˀn]
produzir (vt)	at producere	[ʌ pʁodu'seˀʌ]
matérias-primas (f pl)	råstoffer (i pl)	['ʁʌˌstʌfʌ]

chefe (m) de obras	sjakbajs (f)	['ɕakˌbajˀs]
equipe (f)	sjak (i)	['ɕak]
operário (m)	arbejder (f)	['aːˌbajˀdʌ]

dia (m) de trabalho	arbejdsdag (f)	['aːbajdsˌdæˀ]
intervalo (m)	hvilepause (f)	['viːləˌpawsə]
reunião (f)	møde (i)	['møːðə]
discutir (vt)	at drøfte, at diskutere	[ʌ 'dʁœftə], [ʌ disku'teˀʌ]

plano (m)	plan (f)	['plæˀn]
cumprir o plano	at opfylde planen	[ʌ 'ʌpˌfylˀə 'plæːnən]
taxa (f) de produção	produktionsmål (i)	[pʁodok'ɕoˀns mål]
qualidade (f)	kvalitet (f)	[kvali'teˀt]
controle (m)	kontrol (f)	[kɔn'tʁʌlˀ]
controle (m) da qualidade	kvalitetskontrol (f)	[kvali'teˀt kɔn'tʁʌlˀ]

segurança (f) no trabalho	arbejdssikkerhed (f)	['aːbajds 'sekʌˌheðˀ]
disciplina (f)	disciplin (f)	[disip'liˀn]
infração (f)	brud (i)	['bʁuð]

violar (as regras)	at bryde	[ʌ 'bʁy:ðə]
greve (f)	strejke (f)	['stʁajkə]
grevista (m)	strejkende (f)	['stʁajkɛnə]
estar em greve	at strejke	[ʌ 'stʁajkə]
sindicato (m)	fagforening (f)	['fawfʌˌeˀneŋ]

inventar (vt)	at opfinde	[ʌ 'ʌpˌfenˀə]
invenção (f)	opfindelse (f)	['ʌpˌfenˀəlsə]
pesquisa (f)	forskning (f)	['fɔːskneŋ]
melhorar (vt)	at forbedre	[ʌ fʌ'bɛðˀʁʌ]
tecnologia (f)	teknologi (f)	[tɛknolo'giˀ]
desenho (m) técnico	teknisk tegning (f)	['tɛknisk 'tajneŋ]

carga (f)	last (f)	['last]
carregador (m)	lastearbejder (f)	['lastəˈaːˌbajˀdʌ]
carregar (o caminhão, etc.)	at laste	[ʌ 'lastə]
carregamento (m)	lastning (f)	['laːstneŋ]
descarregar (vt)	at læsse af	[ʌ 'lɛsə 'æˀ]
descarga (f)	aflæsning (f)	['awˌlɛˀsneŋ]

transporte (m)	transport (f)	[tʁans'pɔːt]
companhia (f) de transporte	transportfirma (i)	[tʁans'pɔːtˌfiɐ̯ma]
transportar (vt)	at transportere	[ʌ tʁanspɔ'teˀʌ]

vagão (m) de carga	godsvogn (f)	['gɔs 'vɔwˀn]
tanque (m)	tank (f)	['taŋˀk]
caminhão (m)	lastbil (f)	['lastˌbiˀl]

| máquina (f) operatriz | værktøjsmaskine (f) | ['væɐ̯kˌtʌjs ma'ski:nə] |
| mecanismo (m) | mekanisme (f) | [meka'nismə] |

resíduos (m pl) industriais	industrielt affald (i)	[endusdʁi'ɛlˀt 'awˌfalˀ]
embalagem (f)	pakning (f)	['pakneŋ]
embalar (vt)	at pakke	[ʌ 'pakə]

73. Contrato. Acordo

contrato (m)	kontrakt (f)	[kɔn'tʁakt]
acordo (m)	aftale (f)	['awˌtæːlə]
adendo, anexo (m)	tillæg, bilag (i)	['teˌlɛˀg], ['biˌlæˀj]

assinar o contrato	at indgå kontrakt	[ʌ 'enˌgɔˀ kɔn'tʁakt]
assinatura (f)	signatur, underskrift (f)	[sina'tuɐ̯ˀ], ['ɔnʌˌskʁɛft]
assinar (vt)	at underskrive	[ʌ 'ɔnʌˌskʁiˀvə]
carimbo (m)	stempel (i)	['stɛmˀpəl]

objeto (m) do contrato	kontraktens genstand (f)	[kɔn'tʁaktəns 'gɛnˌstanˀ]
cláusula (f)	klausul (f)	[klaw'suˀl]
partes (f pl)	parter (f pl)	['paˀtʌ]
domicílio (m) legal	juridisk adresse (f)	[ju'ʁiðˀisk a'dʁasə]

violar o contrato	at bryde kontrakten	[ʌ 'bʁy:ðə kɔn'tʁaktən]
obrigação (f)	forpligtelse (f)	[fʌ'plegtəlsə]
responsabilidade (f)	ansvar (i)	['anˌsvaˀ]

força (f) maior	force majeure (f)	[ˌfɒːsmaˈɕœːɐ̯]
litígio (m), disputa (f)	strid (f)	[ˈstʁið’]
multas (f pl)	strafafgifter (f pl)	[ˈstʁaf ˈawˌgiftʌ]

74. Importação & Exportação

importação (f)	import (f)	[emˈpɒːt]
importador (m)	importør (f)	[empɒˈtøˀɐ̯]
importar (vt)	at importere	[ʌ empɒˈteˀʌ]
de importação	import-	[emˈpɒːt-]
exportação (f)	eksport (f)	[ɛksˈpɒːt]
exportador (m)	eksportør (f)	[ɛkspɒˈtøˀɐ̯]
exportar (vt)	at eksportere	[ʌ ɛkspɒˈteˀʌ]
de exportação	eksport-	[ɛksˈpɒːt-]
mercadoria (f)	vare (f)	[ˈvɑːɑ]
lote (de mercadorias)	parti (i)	[pɑˈtiˀ]
peso (m)	vægt (f)	[ˈvɛgt]
volume (m)	rumfang (i)	[ˈʁɔmˌfaŋˀ]
metro (m) cúbico	kubikmeter (f)	[kuˈbikˌmeˀtʌ]
produtor (m)	producent (f)	[pʁoduˈsɛnˀt]
companhia (f) de transporte	transportfirma (i)	[tʁansˈpɒːtˌfiɐ̯ma]
contêiner (m)	container (f)	[kʌnˈtɛjnʌ]
fronteira (f)	grænse (f)	[ˈgʁansə]
alfândega (f)	told (f)	[ˈtʌlˀ]
taxa (f) alfandegária	toldafgift (f)	[ˈtʌl ˈawˌgift]
funcionário (m) da alfândega	toldbetjent (f)	[ˈtʌl beˈtjɛnˀt]
contrabando (atividade)	smugleri (i)	[ˌsmuːlʌˈʁiˀ]
contrabando (produtos)	smuglergods (i)	[ˈsmuːlʌˌgɔs]

75. Finanças

ação (f)	aktie (f)	[ˈɑkɕə]
obrigação (f)	obligation (f)	[obligaˈɕoˀn]
nota (f) promissória	veksel (f)	[ˈvɛksəl]
bolsa (f) de valores	børs (f)	[ˈbøɐ̯ˀs]
cotação (m) das ações	aktiekurs (f)	[ˈɑkɕəˌkuɐ̯ˀs]
tornar-se mais barato	at gå ned	[ʌ gɔˀ ˈneðˀ]
tornar-se mais caro	at gå op	[ʌ gɔˀ ˈʌp]
parte (f)	aktiebeholdning (f)	[ˈɑkɕə beˈhʌlˀnen]
participação (f) majoritária	aktiemajoritet (f)	[ˈɑkɕə majʌiˈteˀt]
investimento (m)	investering (f)	[envəˈsteˀɐ̯en]
investir (vt)	at investere	[ʌ envəˈsteˀʌ]
porcentagem (f)	procent (f)	[pʁoˈsɛnˀt]
juros (m pl)	rente (f)	[ˈʁantə]

lucro (m)	**profit, fortjeneste** (f)	[pʁoˈfit], [fʌˈtjɛʔnəstə]
lucrativo (adj)	**profitabel**	[pʁofiˈtæʔbəl]
imposto (m)	**skat** (f)	[ˈskat]

divisa (f)	**valuta** (f)	[vaˈluta]
nacional (adj)	**national**	[naɕoˈnæʔl]
câmbio (m)	**veksling** (f)	[ˈvɛkslɛŋ]

contador (m)	**bogholder** (f)	[ˈbɔwˌhʌlʌ]
contabilidade (f)	**bogholderi** (i)	[bɔwhʌlʌˈʁiʔ]

falência (f)	**konkurs** (f)	[kʌŋˈkuɐ̯ʔs]
falência, quebra (f)	**krak** (i)	[ˈkʁak]
ruína (f)	**ruin** (f)	[ʁuˈiʔn]
estar quebrado	**at blive ruineret**	[ʌ ˈbliːə ʁuiˈneʔʌð]
inflação (f)	**inflation** (f)	[enflaˈɕoʔn]
desvalorização (f)	**devaluering** (f)	[devaluˈeʔɐ̯eŋ]

capital (m)	**kapital** (f)	[kapiˈtæʔl]
rendimento (m)	**indkomst** (f)	[ˈenˌkʌmʔst]
volume (m) de negócios	**omsætning** (f)	[ˈʌmˌsɛtneŋ]
recursos (m pl)	**ressourcer** (f pl)	[ʁɛˈsuɐ̯sʌ]
recursos (m pl) financeiros	**pengemidler** (pl)	[ˈpɛŋəˌmiðlʌ]

despesas (f pl) gerais	**faste udgifter** (f pl)	[ˈfastə ˈuðˌgiftʌ]
reduzir (vt)	**at reducere**	[ʌ ʁɛduˈseʔʌ]

76. Marketing

marketing (m)	**markedsføring** (f)	[ˈmɑːkəðˌføʔɐ̯eŋ]
mercado (m)	**marked** (i)	[ˈmɑːkəð]
segmento (m) do mercado	**markedssegment** (i)	[ˈmɑːkəðs segˈmɛnʔt]
produto (m)	**produkt** (i)	[pʁoˈdɔkt]
mercadoria (f)	**vare** (f)	[ˈvɑːɑ]

marca (f)	**mærke** (i)	[ˈmæɐ̯kə]
marca (f) registrada	**varemærke** (i)	[ˈvɑːɑˌmæɐ̯kə]
logotipo (m)	**firmamærke** (i)	[ˈfiɐ̯maˌmæɐ̯kə]
logo (m)	**logo** (i, f)	[ˈloːgo]

demanda (f)	**efterspørgsel** (f)	[ˈɛftʌˌspœɐ̯səl]
oferta (f)	**udbud** (i)	[ˈuðˌbuð]
necessidade (f)	**behov** (i)	[beˈhɔw]
consumidor (m)	**konsument, forbruger** (f)	[kʌnsuˈmɛnʔt], [fʌˈbʁuʔʌ]

análise (f)	**analyse** (f)	[anaˈlyːsə]
analisar (vt)	**at analysere**	[ʌ analyˈseʔʌ]

posicionamento (m)	**positionering** (f)	[posiɕoˈneʔʁeŋ]
posicionar (vt)	**at positionere**	[ʌ posiɕoˈneʔʌ]

preço (m)	**pris** (f)	[ˈpʁiʔs]
política (f) de preços	**prispolitik** (f)	[ˈpʁis poliˈtik]
formação (f) de preços	**prisdannelse** (f)	[ˈpʁisˌdanəlsə]

77. Publicidade

publicidade (f)	reklame (f)	[ʁɛ'klæ:mə]
fazer publicidade	at reklamere	[ʌ ʁɛkla'me'ʌ]
orçamento (m)	budget (i)	[by'ɕɛt]

anúncio (m)	annonce (f)	[a'nʌŋsə]
publicidade (f) na TV	tv-reklame (f)	['te,ve ʁɛ'klæ:mə]
publicidade (f) na rádio	radioreklame (f)	['ʁadjo ʁɛ'klæ:mə]
publicidade (f) exterior	udendørs reklame (f)	['uðən,dœʁ's ʁɛ'klæ:mə]

comunicação (f) de massa	massemedier (i pl)	['mase,me'djʌ]
periódico (m)	tidsskrift (i)	['tiðs,skʁɛft]
imagem (f)	image (i)	['imidɕ]

slogan (m)	slogan (i)	['slo:gan]
mote (m), lema (f)	motto (f)	['mʌto]

campanha (f)	kampagne (f)	[kam'panjə]
campanha (f) publicitária	reklamekampagne (f)	[ʁɛ'klæ:mə kam'panjə]
grupo (m) alvo	målgruppe (f)	['mɔ:l,gʁupə]

cartão (m) de visita	visitkort (i)	[vi'sit,kɒ:t]
panfleto (m)	reklameblad (i)	[ʁɛ'klæ:mə,blað]
brochura (f)	brochure (f)	[bʁo'ɕy:ʌ]
folheto (m)	folder (f)	['fʌlʌ]
boletim (~ informativo)	nyhedsbrev (i)	['nyheð,bʁɛw']

letreiro (m)	skilt (i)	['skel't]
cartaz, pôster (m)	poster (f)	['pɔwstʌ]
painel (m) publicitário	reklameskilt (i)	[ʁɛ'klæ:mə,skel't]

78. Banca

banco (m)	bank (f)	['baŋ'k]
balcão (f)	afdeling (f)	['aw,de'leŋ]

consultor (m) bancário	konsulent (f)	[kʌnsu'lɛn't]
gerente (m)	forretningsfører (f)	[fʌ'ʁatneŋs,fø:ʌ]

conta (f)	bankkonto (f)	['baŋ'k,kʌnto]
número (m) da conta	kontonummer (i)	['kʌnto,nɔm'ʌ]
conta (f) corrente	checkkonto (f)	['ɕɛk,kʌnto]
conta (f) poupança	opsparingskonto (f)	['ʌp,spa'eŋs ,kʌnto]

abrir uma conta	at åbne en konto	[ʌ 'ɔ:bnə en 'kʌnto]
fechar uma conta	at lukke kontoen	[ʌ 'lɔkə 'kʌnto:ən]
depositar na conta	at sætte ind på kontoen	[ʌ 'sɛtə 'en' pɒ 'kʌnto:ən]
sacar (vt)	at hæve fra kontoen	[ʌ 'hɛ:və fʁa 'kʌnto:ən]

depósito (m)	indskud (i)	['en,skuð]
fazer um depósito	at indsætte	[ʌ 'en,sɛtə]
transferência (f) bancária	overførelse (f)	['ɒwʌ,fø:ʌlsə]

transferir (vt)	at overføre	[ʌ ˈɒwʌˌføˀʌ]
soma (f)	sum (f)	[ˈsɔmˀ]
Quanto?	Hvor meget?	[vɒˀ ˈmaa ð]

| assinatura (f) | signatur, underskrift (f) | [sinaˈtuɐ̯ˀ], [ˈɔnʌˌskɐɛft] |
| assinar (vt) | at underskrive | [ʌ ˈɔnʌˌskɐiˀvə] |

cartão (m) de crédito	kreditkort (i)	[kɐɛˈdit kɒːt]
senha (f)	kode (f)	[ˈkoːðə]
número (m) do cartão de crédito	kreditkortnummer (i)	[kɐɛˈdit kɒːt ˈnɔmˀʌ]

| caixa (m) eletrônico | pengeautomat (f) | [ˈpɛŋə awtoˈmæˀt] |

cheque (m)	check (f)	[ˈɕɛk]
passar um cheque	at skrive en check	[ʌ ˈskɐiːvə en ˈɕɛk]
talão (m) de cheques	checkhæfte (i)	[ˈɕɛkˌhɛftə]

empréstimo (m)	lån (i)	[ˈlɔˀn]
pedir um empréstimo	at ansøge om lån	[ʌ ˈanˌsøːə ɒm ˈlɔˀn]
obter empréstimo	at få et lån	[ʌ ˈfɔˀ et ˈlɔˀn]
dar um empréstimo	at yde et lån	[ʌ ˈyːðə et ˈlɔˀn]
garantia (f)	garanti (f)	[gɑɑnˈtiˀ]

79. Telefone. Conversação telefônica

telefone (m)	telefon (f)	[teləˈfoˀn]
celular (m)	mobiltelefon (f)	[moˈbil teləˈfoˀn]
secretária (f) eletrônica	telefonsvarer (f)	[teləˈfoːnˌsvɑːɑ]

| fazer uma chamada | at ringe | [ʌ ˈʁɛŋə] |
| chamada (f) | telefonsamtale (f) | [teləˈfoːn ˈsɑmˌtæːlə] |

discar um número	at taste et nummer	[ʌ ˈtastə et ˈnɔmˀʌ]
Alô!	Hallo!	[haˈlo]
perguntar (vt)	at spørge	[ʌ ˈspœɐ̯ʌ]
responder (vt)	at svare	[ʌ ˈsvɑːɑ]

ouvir (vt)	at høre	[ʌ ˈhøːʌ]
bem	godt	[ˈgʌt]
mal	dårligt	[ˈdɒːlit]
ruído (m)	støj (f)	[ˈstʌjˀ]

fone (m)	telefonrør (i)	[teləˈfoːnˌʁœˀɐ̯]
pegar o telefone	at tage telefonen	[ʌ ˈtæˀ teləˈfoˀnən]
desligar (vi)	at lægge på	[ʌ ˈlɛgə pɔˀ]

ocupado (adj)	optaget	[ˈʌpˌtæˀj]
tocar (vi)	at ringe	[ʌ ˈʁɛŋə]
lista (f) telefônica	telefonbog (f)	[teləˈfoːnˌbɔˀw]
local (adj)	lokal-	[loˈkæl-]
chamada (f) local	lokalopkald (i)	[loˈkæˀl ˈʌpˌkalˀ]
de longa distância	fjern-	[ˈfjæɐ̯n-]
chamada (f) de longa distância	fjernopkald (i)	[ˈfjæɐ̯n ˈʌpˌkalˀ]

internacional (adj)	**international**	['entʌnaɕoˌnæˀl]
chamada (f) internacional	**internationalt opkald** (i)	['entʌnaɕoˌnæˀlt 'ʌpˌkalˀ]

80. Telefone móvel

celular (m)	**mobiltelefon** (f)	[mo'bil teləˈfoˀn]
tela (f)	**skærm** (f)	['skæɐˀm]
botão (m)	**knap** (f)	['knap]
cartão SIM (m)	**SIM-kort** (i)	['semˌkɒːt]
bateria (f)	**batteri** (i)	[batʌˈʁiˀ]
descarregar-se (vr)	**at blive afladet**	[ʌ 'bliːə 'awˌlæˀðəð]
carregador (m)	**oplader** (f)	['ʌplˌlæˀðʌ]
menu (m)	**menu** (f)	[me'ny]
configurações (f pl)	**indstillinger** (f pl)	['enˌstelˀeŋʌ]
melodia (f)	**melodi** (f)	[melo'diˀ]
escolher (vt)	**at vælge**	[ʌ 'vɛljə]
calculadora (f)	**lommeregner** (f)	['lʌməˌʁajnʌ]
correio (m) de voz	**telefonsvarer** (f)	[teləˈfoːnˌsvaːa]
despertador (m)	**vækkeur** (i)	['vɛkəˌuɐˀ]
contatos (m pl)	**kontakter** (f pl)	[kɔn'taktʌ]
mensagem (f) de texto	**SMS** (f)	[ɛsɛmˈɛs]
assinante (m)	**abonnent** (f)	[abo'nɛnˀt]

81. Estacionário

caneta (f)	**kuglepen** (f)	['kuːləˌpɛnˀ]
caneta (f) tinteiro	**fyldepen** (f)	['fyləˌpɛnˀ]
lápis (m)	**blyant** (f)	['blyːˌanˀt]
marcador (m) de texto	**mærkepen** (f)	[maˈkøɐˌpɛnˀ]
caneta (f) hidrográfica	**tuschpen** (f)	['tuɕˌpɛnˀ]
bloco (m) de notas	**notesblok** (f)	['noːtəsˌblʌk]
agenda (f)	**dagbog** (f)	['dawˌbɔˀw]
régua (f)	**lineal** (f)	[line'æˀl]
calculadora (f)	**regnemaskine** (f)	['ʁajnə maˈskiːnə]
borracha (f)	**viskelæder** (i)	['veskəˌlɛðˀʌ]
alfinete (m)	**tegnestift** (f)	['tajnəˌsteft]
clipe (m)	**clips** (i)	['kleps]
cola (f)	**lim** (f)	['liˀm]
grampeador (m)	**hæftemaskine** (f)	['hɛfta maˈskiːnə]
furador (m) de papel	**hullemaskine** (f)	['holə maˈskiːnə]
apontador (m)	**blyantspidser** (f)	['blyːantˌspesʌ]

82. Tipos de negócios

serviços (m pl) de contabilidade	bogføringstjenester (f pl)	['bɔwˌføˀɡ̊eŋ ˌtjɛːnəstʌ]
publicidade (f)	reklame (f)	[ʁɛ'klæːmə]
agência (f) de publicidade	reklamebureau (i)	[ʁɛ'klæːmə byˌʁo]
ar (m) condicionado	klimaanlæg (i pl)	['kliːma'anˌlɛˀg]
companhia (f) aérea	flyselskab (i)	['flyˀsɛlˌskæˀb]
bebidas (f pl) alcoólicas	alkoholiske drikke (f pl)	[alko'hoˀliskə 'dʁɛkə]
comércio (m) de antiguidades	antikviteter (f pl)	[antikvi'teˀtʌ]
galeria (f) de arte	kunstgalleri (i)	['kɔnˀst galʌ'ʁiˀ]
serviços (m pl) de auditoria	revisionstjenester (f pl)	[ʁɛvi'ɕɔns ˌtjɛːnəstʌ]
negócios (m pl) bancários	bankvæsen (i)	['baŋˀkˌvɛːsən]
bar (m)	bar (f)	['bɑˀ]
salão (m) de beleza	skønhedssalon (f)	['skœnheðs sa'lʌŋ]
livraria (f)	boghandel (f)	['bɔwˌhanˀəl]
cervejaria (f)	bryggeri (i)	[b̥ʁœɡʌ'ʁiˀ]
centro (m) de escritórios	forretningscenter (i)	[fʌ'ʁatneŋˌsɛnˀtʌ]
escola (f) de negócios	handelsskole (f)	['hanəlsˌskoːlə]
cassino (m)	kasino (i)	[ka'siːno]
construção (f)	byggeri (i)	[bygʌ'ʁiˀ]
consultoria (f)	konsulenttjenester (f pl)	[kʌnsu'lɛnt ˌtjɛːnəstʌ]
clínica (f) dentária	tandklinik (f)	['tan kli'nik]
design (m)	design (i)	[de'sɑjn]
drogaria (f)	apotek (i)	[ɑpo'teˀk]
lavanderia (f)	renseri (i)	[ʁansʌ'ʁiˀ]
agência (f) de emprego	arbejdsformidling (f)	['ɑːbɑjds fʌ'miðleŋ]
serviços (m pl) financeiros	finansielle tjenester (f pl)	[finan'ɕɛlˀə ˌtjɛːnəstʌ]
alimentos (m pl)	madvarer (f pl)	['maðvɑːʌ]
funerária (f)	begravelseskontor (i)	[be'ɡʁɑˀwəlsəs kɔn'toˀɡ̊]
mobiliário (m)	møbler (pl)	['møˀblʌ]
roupa (f)	klæder (i pl)	['klɛːðʌ]
hotel (m)	hotel (i)	[ho'tɛlˀ]
sorvete (m)	is (f)	['iˀs]
indústria (f)	industri (f)	[endu'stʁiˀ]
seguro (~ de vida, etc.)	forsikring (f)	[fʌ'sekʁɛŋ]
internet (f)	internet (i)	['entʌˌnɛt]
investimento (m)	investering (f)	[envə'steˀɡ̊eŋ]
joalheiro (m)	juveler (f)	[juvə'leˀɡ̊]
joias (f pl)	smykker (i pl)	['smøkʌ]
lavanderia (f)	vaskeri (i)	[vaskʌ'ʁiˀ]
assessorias (f pl) jurídicas	juridisk rådgiver (f)	[ju'ʁiˀðisk 'ʁɔˀðˌgiˀvʌ]
indústria (f) ligeira	letindustri (f)	[ˌlɛd endu'stʁiˀ]
revista (f)	magasin, tidsskrift (i)	[mɑgɑ'siˀn], ['tiðsˌskʁɛft]
vendas (f pl) por catálogo	postordresalg (i)	['pʌstˌɔˀdʁʌˌsalˀj]
medicina (f)	medicin (f)	[medi'siˀn]

cinema (m)	**biograf** (f)	[bio'gʁɑˀf]
museu (m)	**museum** (i)	[mu'sɛːɔm]
agência (f) de notícias	**nyhedsbureau** (i)	['nyheðs by‚ʁo]
jornal (m)	**avis** (f)	[a'viˀs]
boate (casa noturna)	**natklub** (f)	['nat‚klub]
petróleo (m)	**olie** (f)	['oljə]
serviços (m pl) de remessa	**kurertjeneste** (f)	[ku'ʁɛˀɡ 'tjɛːnəstə]
indústria (f) farmacêutica	**farmaci** (f)	[fama'siˀ]
tipografia (f)	**trykkeri** (i)	[tʁœkʌ'ʁiˀ]
editora (f)	**forlag** (i)	['fɒː‚læˀj]
rádio (m)	**radio** (f)	['ʁɑˀdjo]
imobiliário (m)	**fast ejendom** (f)	['fast 'ɑjən‚dʌmˀ]
restaurante (m)	**restaurant** (f)	[ʁɛsto'ʁɑŋ]
empresa (f) de segurança	**sikkerhedsselskab** (i)	['sekʌ‚heðs 'sɛl‚skæˀb]
esporte (m)	**sport** (f)	['spɒːt]
bolsa (f) de valores	**børs** (f)	['bøɡˀs]
loja (f)	**forretning** (f), **butik** (f)	[fʌ'ʁatnɛŋ], [bu'tik]
supermercado (m)	**supermarked** (i)	['suˀpʌ‚mɑːkəð]
piscina (f)	**svømmebassin** (i)	['svœməba‚sɛŋ]
alfaiataria (f)	**skrædderi** (i)	[skʁaðə'ʁiˀ]
televisão (f)	**fjernsyn** (i), **tv** (i)	['fjæɡn‚syˀn], ['teˀ‚veˀ]
teatro (m)	**teater** (i)	[te'æˀtʌ]
comércio (m)	**handel** (f)	['hanˀəl]
serviços (m pl) de transporte	**transport** (f)	[tʁans'pɒːt]
viagens (f pl)	**turisme** (f)	[tu'ʁismə]
veterinário (m)	**dyrlæge** (f)	['dyɡ‚lɛːjə]
armazém (m)	**lager** (i)	['læˀjʌ]
recolha (f) do lixo	**affalds indsamling** (f)	['awfalˀs 'en‚sɑmˀleŋ]

77

Emprego. Negócios. Parte 2

83. Espetáculo. Feira

feira, exposição (f)	messe (f)	['mɛsə]
feira (f) comercial	handelsmesse (f)	['hanels,mɛsə]
participação (f)	deltagelse (f)	['del,tæ'jəlsə]
participar (vi)	at deltage	[ʌ 'del,tæ']
participante (m)	deltager (f)	['del,tæ'jʌ]
diretor (m)	direktør (f)	[diɹ̨ək'tø'ɐ̨]
direção (f)	arrangørkontor (i)	[aɑŋ'ɕø'ɐ̨ kɔn'to'ɐ̨]
organizador (m)	arrangør (f)	[aɑŋ'ɕø'ɐ̨]
organizar (vt)	at organisere	[ʌ ɒgani'se'ʌ]
ficha (f) de inscrição	bestillingsskema (i)	[be'stel'eŋs'ske:ma]
preencher (vt)	at udfylde	[ʌ 'uð,fyl'ə]
detalhes (m pl)	detaljer (f pl)	[de'taljʌ]
informação (f)	information (f)	[enfɒma'ɕo'n]
preço (m)	pris (f)	['pɹ̨i's]
incluindo	inklusive	['enklu,si'və]
incluir (vt)	at inkludere	[ʌ enklu'de'ʌ]
pagar (vt)	at betale	[ʌ be'tæ'lə]
taxa (f) de inscrição	registreringsafgift (f)	[ɹ̨ɛgi'stɹ̨ɛ'ɐ̨eŋs 'aw,gift]
entrada (f)	indgang (f)	['en,gɑŋ']
pavilhão (m), salão (f)	pavillon (f)	[pavil'jʌŋ]
inscrever (vt)	at registrere	[ʌ ɹ̨ɛgi'stɹ̨ɛ'ʌ]
crachá (m)	badge (i, f)	['badɕ]
stand (m)	stand (f)	['stan']
reservar (vt)	at reservere	[ʌ ɹ̨ɛsæɐ̨'ve'ʌ]
vitrine (f)	glasmontre (f)	['glas,mɒŋtɹ̨ʌ]
lâmpada (f)	lampe (f), spot (f)	['lampə], ['spʌt]
design (m)	design (i)	[de'sajn]
pôr (posicionar)	at placere	[ʌ pla'se'ʌ]
ser colocado, -a	at blive placeret	[ʌ 'bli:ə pla'se'ʌð]
distribuidor (m)	distributør (f)	[distɹ̨ibu'tø'ɐ̨]
fornecedor (m)	leverandør (f)	[levəɹ̨an'dø'ɐ̨]
fornecer (vt)	at levere	[ʌ le've'ʌ]
país (m)	land (i)	['lan']
estrangeiro (adj)	udenlandsk	['uðən,lan'sk]
produto (m)	produkt (i)	[pɹ̨o'dɔkt]
associação (f)	forening (f)	[fʌ'e'neŋ]
sala (f) de conferência	konferencesal (f)	[kʌnfə'ɹ̨ansə,sæ'l]

| congresso (m) | kongres (f) | [kʌŋ'gʁas] |
| concurso (m) | konkurrence (f) | [kʌŋko'ʁɑŋsə] |

visitante (m)	besøgende (f)	[be'søˀjənə]
visitar (vt)	at besøge	[ʌ be'søˀjə]
cliente (m)	kunde (f)	['kɔnə]

84. Ciência. Investigação. Cientistas

ciência (f)	videnskab (f)	['viðənˌskæˀb]
científico (adj)	videnskabelig	['viðənˌskæˀbəli]
cientista (m)	videnskabsmand (f)	['viðənˌskæˀbs manˀ]
teoria (f)	teori (f)	[teo'ʁiˀ]

axioma (m)	aksiom (i)	[ɑk'ço?m]
análise (f)	analyse (f)	[ana'ly:sə]
analisar (vt)	at analysere	[ʌ analy'se?ʌ]
argumento (m)	argument (i)	[ɑgu'mɛnˀt]
substância (f)	stof (i), substans (f)	['stʌf], [sub'stanˀs]

hipótese (f)	hypotese (f)	[hypo'te:sə]
dilema (m)	dilemma (i)	[di'lɛma]
tese (f)	afhandling (f)	['ɑwˌhanˀleŋ]
dogma (m)	dogme (i)	['dɒwmə]

doutrina (f)	doktrin (f)	[dʌk'tʁiˀn]
pesquisa (f)	forskning (f)	['fɒ:skneŋ]
pesquisar (vt)	at forske	[ʌ 'fɒ:skə]
testes (m pl)	test (f)	['tɛst]
laboratório (m)	laboratorium (i)	[laboʁa'toɡ?jɔm]

método (m)	metode (f)	[me'to:ðə]
molécula (f)	molekyle (i)	[molə'ky:lə]
monitoramento (m)	overvågning (f)	['ɒwʌˌvɔwˀneŋ]
descoberta (f)	opdagelse (f)	['ʌpˌdæˀjəlsə]

postulado (m)	postulat (i)	[pʌstu'læˀt]
princípio (m)	princip (i)	[pʁin'sip]
prognóstico (previsão)	prognose (f)	[pʁo'no:sə]
prognosticar (vt)	at prognosticere	[ʌ pʁonʌsti'se?ʌ]

síntese (f)	syntese (f)	[syn'te:sə]
tendência (f)	tendens (f)	[tɛn'dɛnˀs]
teorema (m)	teorem (i)	[teo'ʁɛˀm]

ensinamentos (m pl)	lærer (f pl)	['lɛ:ʌ]
fato (m)	faktum (i)	['fɑktɔm]
expedição (f)	ekspedition (f)	[ɛkspedi'ço?n]
experiência (f)	eksperiment (i)	[ɛkspæɡi'mɛnˀt]

acadêmico (m)	akademiker (f)	[aka'de?mikʌ]
bacharel (m)	bachelor (f)	['bɑdçəlʌ]
doutor (m)	doktor (f)	['dʌktʌ]
professor (m) associado	docent (f)	[do'sɛnˀt]

mestrado (m)	**magister** (f)	[ma'gistʌ]
professor (m)	**professor** (f)	[pʁo'fɛsʌ]

Profissões e ocupações

85. Procura de emprego. Demissão

trabalho (m)	arbejde (i), job (i)	['ɑ:ˌbɑjˀdə], ['djʌb]
equipe (f)	ansatte (pl), stab (f)	['anˌsatə], ['stæˀb]
pessoal (m)	personale (i, f)	[pæɐ̯soˈnæːlə]

carreira (f)	karriere (f)	[kaiˈɛːʌ]
perspectivas (f pl)	udsigter (f pl)	['uðˌsegtʌ]
habilidades (f pl)	mesterskab (i)	['mɛstʌˌskæˀb]

seleção (f)	udvalg (i), udvælgelse (f)	['uðˌvalˀj], ['uðˌvɛlˀjəlsə]
agência (f) de emprego	arbejdsformidling (f)	['a:bajds fʌˈmiðleŋ]
currículo (m)	CV (i), curriculum vitæ (i)	[se've'], [kuˈʁikulɔm 'viːˌtɛˀ]
entrevista (f) de emprego	jobsamtale (f)	['djʌb 'samˌtæːlə]
vaga (f)	ledig stilling (f)	['leːði 'steleŋ]

salário (m)	løn (f)	['lœnˀ]
salário (m) fixo	fast løn (f)	['ˈfast lœnˀ]
pagamento (m)	betaling (f)	[beˈtæˀleŋ]

cargo (m)	stilling (f)	['steleŋ]
dever (do empregado)	pligt (f)	['plegt]
gama (f) de deveres	arbejdspligter (f pl)	['a:bajds 'plegtʌ]
ocupado (adj)	optaget	['ʌpˌtæˀj]

| despedir, demitir (vt) | at afskedige | [ʌ 'awˌskeˀðiə] |
| demissão (f) | afskedigelse (f) | ['awˌskeˀðˌiˀəlsə] |

desemprego (m)	arbejdsløshed (f)	['a:bajdsˌløːsheðˀ]
desempregado (m)	arbejdsløs (f)	['a:bajdsˌløˀs]
aposentadoria (f)	pension (f)	[paŋˈɕoˀn]
aposentar-se (vr)	at gå på pension	[ʌ gɔˀ pɔ paŋˈɕoˀn]

86. Gente de negócios

diretor (m)	direktør (f)	[diɡ̊əkˈtøˀɡ̊]
gerente (m)	forretningsfører (f)	[fʌˈʁatneŋsˌføːʌ]
patrão, chefe (m)	boss (f)	['bʌs]

superior (m)	overordnet (f)	['ɒwʌˌɒˀdnəð]
superiores (m pl)	overordnede (pl)	['ɒwʌˌɒˀdnəðə]
presidente (m)	præsident (f)	[pʁɛsiˈdɛnˀt]
chairman (m)	formand (f)	['fɔːˌmanˀ]

| substituto (m) | stedfortræder (f) | ['stɛð fʌˌtʁɛˀðʌ] |
| assistente (m) | assistent (f) | [asiˈstɛnˀt] |

secretário (m)	sekretær (f)	[sekʁə'tɛˀɡ̊]
secretário (m) pessoal	privatsekretær (f)	[pʁi'væt sekʁə'tɛˀɡ̊]
homem (m) de negócios	forretningsmand (f)	[fʌ'ʁatneŋsˌmanˀ]
empreendedor (m)	entreprenør (f)	[ɑŋtʁɛpʁɛ'nøˀɡ̊]
fundador (m)	grundlægger (f)	['gʁɔnˀˌlɛgʌ]
fundar (vt)	at grundlægge	[ʌ 'gʁɔnˀˌlɛgə]
principiador (m)	stifter (f)	['steftʌ]
parceiro, sócio (m)	partner (f)	['pɑːtnʌ]
acionista (m)	aktionær (f)	[ɑkɕo'nɛˀɡ̊]
milionário (m)	millionær (f)	[miljo'nɛˀɡ̊]
bilionário (m)	milliardær (f)	[milja'dɛˀɡ̊]
proprietário (m)	ejer (f)	['ɑjʌ]
proprietário (m) de terras	jordbesidder (f)	['joɡ̊beˌsiðˀʌ]
cliente (m)	kunde (f)	['kɔnə]
cliente (m) habitual	stamkunde, fast kunde (f)	['stɑmˌkɔnə], ['fast ˌkɔnə]
comprador (m)	køber (f)	['køːbʌ]
visitante (m)	besøgende (f)	[be'søˀjənə]
profissional (m)	professionel (f)	[pʁo'fɛɕoˌnɛlˀ]
perito (m)	ekspert (f)	[ɛks'pæɡ̊t]
especialista (m)	specialist (f)	[speɕa'list]
banqueiro (m)	bankier (f)	[baŋ'kje]
corretor (m)	mægler (f)	['mɛjlʌ]
caixa (m, f)	kasserer (f)	[ka'seˀʌ]
contador (m)	bogholder (f)	['bɔwˌhʌlʌ]
guarda (m)	sikkerhedsvagt (f)	['sekʌˌheðs 'vagt]
investidor (m)	investor (f)	[en'vɛstʌ]
devedor (m)	skyldner (f)	['skylnʌ]
credor (m)	kreditor (f)	['kʁeditʌ]
mutuário (m)	låntager (f)	['lɔːnˌtæˀjʌ]
importador (m)	importør (f)	[empɒ'tøˀɡ̊]
exportador (m)	eksportør (f)	[ɛkspɒ'tøˀɡ̊]
produtor (m)	producent (f)	[pʁodu'sɛnˀt]
distribuidor (m)	distributør (f)	[distʁibu'tøˀɡ̊]
intermediário (m)	mellemmand (f)	['mɛləmˌmanˀ]
consultor (m)	konsulent (f)	[kʌnsu'lɛnˀt]
representante comercial	repræsentant (f)	[ʁepʁɛsən'tanˀt]
agente (m)	agent (f)	[a'gɛnˀt]
agente (m) de seguros	forsikringsagent (f)	[fʌ'sekʁɛŋs a'gɛnˀt]

87. Profissões de serviços

cozinheiro (m)	kok (f)	['kʌk]
chefe (m) de cozinha	køkkenchef (f)	['køkənˌɕɛˀf]

padeiro (m)	bager (f)	['bæːjʌ]
barman (m)	bartender (f)	['bɑːˌtɛndʌ]
garçom (m)	tjener (f)	['tjɛːnʌ]
garçonete (f)	servitrice (f)	[sæɐ̯vi'tʁiːsə]

advogado (m)	advokat (f)	[aðvo'kæˀt]
jurista (m)	jurist (f)	[ju'ʁist]
notário (m)	notar (f)	[no'tɑˀ]

eletricista (m)	elektriker (f)	[e'lɛktʁikʌ]
encanador (m)	blikkenslager (f)	['blekənˌslæˀjʌ]
carpinteiro (m)	tømrer (f)	['tœmʁʌ]

massagista (m)	massør (f)	[ma'søˀɐ̯]
massagista (f)	massøse (f)	[ma'søːsə]
médico (m)	læge (f)	['lɛːjə]

taxista (m)	taxichauffør (f)	['tɑksi ɕo'føˀɐ̯]
condutor (automobilista)	chauffør (f)	[ɕo'føˀɐ̯]
entregador (m)	bud (i)	['buð]

camareira (f)	stuepige (f)	['stuəˌpiːə]
guarda (m)	sikkerhedsvagt (f)	['sekʌˌheðs 'vagt]
aeromoça (f)	stewardesse (f)	[stjuɑ'dɛsə]

professor (m)	lærer (f)	['lɛːʌ]
bibliotecário (m)	bibliotekar (f)	[bibliotə'kɑˀ]
tradutor (m)	oversætter (f)	['ɒwʌˌsɛtʌ]
intérprete (m)	tolk (f)	['tʌlˀk]
guia (m)	guide (f)	['gɑjd]

cabeleireiro (m)	frisør (f)	[fʁi'søˀɐ̯]
carteiro (m)	postbud (i)	['pʌstˌbuð]
vendedor (m)	sælger (f)	['sɛljʌ]

jardineiro (m)	gartner (f)	['gɑːtnʌ]
criado (m)	tjener (f)	['tjɛːnʌ]
criada (f)	tjenestepige (f)	['tjɛːnəstəˌpiːə]
empregada (f) de limpeza	rengøringskone (f)	['ʁɛːnˌgœˀɐ̯eŋs 'koːnə]

88. Profissões militares e postos

soldado (m) raso	menig (f)	['meːni]
sargento (m)	sergent (f)	[sæɐ̯'ɕanˀt]
tenente (m)	løjtnant (f)	['lʌjtˌnanˀt]
capitão (m)	kaptajn (f)	[kɑp'tɑjˀn]

major (m)	major (f)	[ma'joˀɐ̯]
coronel (m)	oberst (f)	['oˀbʌst]
general (m)	general (f)	[genə'ʁɑˀl]
marechal (m)	marskal (f)	['mɑːˌɕalˀ]
almirante (m)	admiral (f)	[aðmi'ʁɑˀl]
militar (m)	militær (i)	[mili'tɛˀɐ̯]
soldado (m)	soldat (f)	[sol'dæˀt]

oficial (m)	officer (f)	[ʌfi'seʔɐ̯]
comandante (m)	befalingsmand (f)	[be'fæʔleŋsˌmanʔ]

guarda (m) de fronteira	grænsevagt (f)	['gʁansəˌvagt]
operador (m) de rádio	radiooperatør (f)	['ʁɑdjo opəʁɑ'tøʔɐ̯]
explorador (m)	opklaringssoldat (f)	['ʌpˌklɑʔeŋs sol'dæʔt]
sapador-mineiro (m)	pioner (f)	[pio'neʔɐ̯]
atirador (m)	skytte (f)	['skøtə]
navegador (m)	styrmand (f)	['styɐ̯ˌmanʔ]

89. Oficiais. Padres

rei (m)	konge (f)	['kʌŋə]
rainha (f)	dronning (f)	['dʁʌneŋ]

príncipe (m)	prins (f)	['pʁɛnʔs]
princesa (f)	prinsesse (f)	[pʁɛn'sɛsə]

czar (m)	tsar (f)	['sɑʔ]
czarina (f)	tsarina (f)	[sa'ʁi:na]

presidente (m)	præsident (f)	[pʁɛsi'dɛnʔt]
ministro (m)	minister (f)	[mi'nistʌ]
primeiro-ministro (m)	statsminister (f)	['stæts mi'nistʌ]
senador (m)	senator (f)	[se'næ:tʌ]

diplomata (m)	diplomat (f)	[diplo'mæʔt]
cônsul (m)	konsul (f)	['kʌnˌsuʔl]
embaixador (m)	ambassadør (f)	[ɑmbasa'døʔɐ̯]
conselheiro (m)	rådgiver (f)	['ʁɔʔðˌgiʔvʌ]

funcionário (m)	embedsmand (f)	['ɛmbeðsˌmanʔ]
prefeito (m)	præfekt (f)	[pʁɛ'fɛkt]
Presidente (m) da Câmara	borgmester (f)	[bɒw'mɛstʌ]

juiz (m)	dommer (f)	['dʌmʌ]
procurador (m)	anklager (f)	['anˌklæʔjʌ]

missionário (m)	missionær (f)	[miço'nɛʔɐ̯]
monge (m)	munk (f)	['mɔŋʔk]
abade (m)	abbed (f)	['ɑbeð]
rabino (m)	rabbiner (f)	[ʁɑ'biʔnʌ]

vizir (m)	vesir (f)	[ve'siɐ̯ʔ]
xá (m)	shah (f)	['çæʔ]
xeique (m)	sheik (f)	['çɑjʔk]

90. Profissões agrícolas

abelheiro (m)	biavler (f)	['biˌawlʌ]
pastor (m)	hyrde (f)	['hyɐ̯də]
agrônomo (m)	agronom (f)	[agʁo'noʔm]

| criador (m) de gado | kvægavler (f) | ['kvɛjˌɑwlʌ] |
| veterinário (m) | dyrlæge (f) | ['dyɐ̯ˌlɛ:jə] |

agricultor, fazendeiro (m)	landmand, bonde (f)	['lanˌmanˀ], ['bɔnə]
vinicultor (m)	vinavler (f)	['vi:nˌɑwlʌ]
zoólogo (m)	zoolog (f)	[soo'loˀ]
vaqueiro (m)	cowboy (f)	['kɒwˌbʌj]

91. Profissões artísticas

| ator (m) | skuespiller (f) | ['sku:əˌspelʌ] |
| atriz (f) | skuespillerinde (f) | ['sku:əˌspelʌ'enə] |

| cantor (m) | sanger (f) | ['saŋʌ] |
| cantora (f) | sangerinde (f) | [saŋʌ'enə] |

| bailarino (m) | danser (f) | ['dansʌ] |
| bailarina (f) | danserinde (f) | [dansʌ'enə] |

| artista (m) | skuespiller (f) | ['sku:əˌspelʌ] |
| artista (f) | skuespillerinde (f) | ['sku:əˌspelʌ'enə] |

músico (m)	musiker (f)	['muˀsikʌ]
pianista (m)	pianist (f)	[pia'nist]
guitarrista (m)	guitarist (f)	[gitɑ'ʁist]

maestro (m)	dirigent (f)	[diɐ̯i'gɛnˀt]
compositor (m)	komponist (f)	[kɔmpo'nist]
empresário (m)	impresario (f)	[empʁə'sɑˀio]

diretor (m) de cinema	filminstruktør (f)	['film enstʁuk'tøˀɐ̯]
produtor (m)	producer (f)	[pʁo'dju:sʌ]
roteirista (m)	manuskriptforfatter (f)	[manu'skʁɛpt fʌ'fatʌ]
crítico (m)	kritiker (f)	['kʁitikʌ]

escritor (m)	forfatter (f)	[fʌ'fatʌ]
poeta (m)	poet (f), digter (f)	[po'eˀt], ['degtʌ]
escultor (m)	skulptør (f)	[skulp'tøˀɐ̯]
pintor (m)	kunstner (f)	['kɔnstnʌ]

malabarista (m)	jonglør (f)	[ɕʌŋ'løˀɐ̯]
palhaço (m)	klovn (f)	['klɒwˀn]
acrobata (m)	akrobat (f)	[akʁo'bæˀt]
ilusionista (m)	tryllekunstner (f)	['tʁyləˌkɔnˀstnʌ]

92. Várias profissões

médico (m)	læge (f)	['lɛ:jə]
enfermeira (f)	sygeplejerske (f)	['sy:əˌplɑjˀʌskə]
psiquiatra (m)	psykiater (f)	[syki'æˀtʌ]
dentista (m)	tandlæge (f)	['tanˌlɛ:jə]
cirurgião (m)	kirurg (f)	[ki'ʁuɐ̯ˀw]

astronauta (m)	**astronaut** (f)	[astʁo'nɑw̕t]
astrônomo (m)	**astronom** (f)	[astʁo'no'm]
piloto (m)	**pilot** (f)	[pi'lo̕t]

motorista (m)	**fører** (f)	['fø:ʌ]
maquinista (m)	**togfører** (f)	['tɔw͵fø:ʌ]
mecânico (m)	**mekaniker** (f)	[me'kæ̕nikʌ]

mineiro (m)	**minearbejder** (f)	['mi:nə'ɑ:͵bɑj̕dʌ]
operário (m)	**arbejder** (f)	['ɑ:͵bɑj̕dʌ]
serralheiro (m)	**låsesmed** (f)	['lɔ:sə͵smeð]
marceneiro (m)	**snedker** (f)	['sne̕kʌ]
torneiro (m)	**drejer** (f)	['dʁɑjʌ]
construtor (m)	**bygningsarbejder** (f)	['bygneŋs 'ɑ:͵bɑj̕dʌ]
soldador (m)	**svejser** (f)	['svɑjsʌ]

professor (m)	**professor** (f)	[pʁo'fɛsʌ]
arquiteto (m)	**arkitekt** (f)	[ɑki'tɛkt]
historiador (m)	**historiker** (f)	[hi'sto̕ʁikʌ]
cientista (m)	**videnskabsmand** (f)	['viðən͵skæ̕bs man̕]
físico (m)	**fysiker** (f)	['fy̕sikʌ]
químico (m)	**kemiker** (f)	['ke̕mikʌ]

arqueólogo (m)	**arkæolog** (f)	[͵ɑ:kɛo'lo̕]
geólogo (m)	**geolog** (f)	[geo'lo̕]
pesquisador (cientista)	**forsker** (f)	['fɔ:skʌ]

babysitter, babá (f)	**barnepige** (f)	['bɑ:nə͵pi:ə]
professor (m)	**pædagog** (f)	[pɛda'go̕]

redator (m)	**redaktør** (f)	[ʁɛdak'tø̕ɐ̯]
redator-chefe (m)	**chefredaktør** (f)	['ɕɛf ʁɛdak'tø̕ɐ̯]
correspondente (m)	**korrespondent** (f)	[kɔɔspʌn'dɛn̕t]
datilógrafa (f)	**maskinskriverske** (f)	[ma'ski:n 'skʁi'vʌskə]

designer (m)	**designer** (f)	[de'sɑjnʌ]
especialista (m) em informática	**computer-ekspert** (f)	[kʌm'pju:tʌ ɛks'pæɐ̯t]
programador (m)	**programmør** (f)	[pʁogʁa'mø̕ɐ̯]
engenheiro (m)	**ingeniør** (f)	[enɕən'jø̕ɐ̯]

marujo (m)	**sømand** (f)	['sø͵man̕]
marinheiro (m)	**matros** (f)	[ma'tʁo̕s]
socorrista (m)	**redder** (f)	['ʁɛðʌ]

bombeiro (m)	**brandmand** (f)	['bʁan͵man]
polícia (m)	**politbetjent** (f)	[poli'ti be'tjɛn̕t]
guarda-noturno (m)	**nattevagt, vægter** (f)	['natə͵vɑgt], ['vɛgtʌ]
detetive (m)	**detektiv, opdager** (f)	[detek'tiw̕], ['ʌp͵dæ̕jʌ]

funcionário (m) da alfândega	**toldbetjent** (f)	['tʌl be'tjɛn̕t]
guarda-costas (m)	**livvagt** (f)	['liw͵vɑgt]
guarda (m) prisional	**fangevogter** (f)	['faŋə͵vʌgtʌ]
inspetor (m)	**inspektør** (f)	[enspək'tø̕ɐ̯]
esportista (m)	**idrætsmand** (f)	['idʁats͵man̕]
treinador (m)	**træner** (f)	['tʁɛ:nʌ]

açougueiro (m)	**slagter** (f)	['slagtʌ]
sapateiro (m)	**skomager** (f)	['skoˌmæˀjʌ]
comerciante (m)	**handelsmand** (f)	['hanəlsˌmanˀ]
carregador (m)	**lastearbejder** (f)	['lastəˈɑːˌbajˀdʌ]

estilista (m)	**modedesigner** (f)	['moːðə deˈsajnʌ]
modelo (f)	**model** (f)	[moˈdɛlˀ]

93. Ocupações. Estatuto social

estudante (~ de escola)	**skoleelev** (f)	['skoːlə eˈleˀw]
estudante (~ universitária)	**studerende** (f)	[stuˈdeˀʌnə]

filósofo (m)	**filosof** (f)	[filoˈsʌf]
economista (m)	**økonom** (f)	[økoˈnoˀm]
inventor (m)	**opfinder** (f)	['ʌpˌfenˀʌ]

desempregado (m)	**arbejdsløs** (f)	['ɑːbajdsˌløˀs]
aposentado (m)	**pensionist** (f)	[paŋɕoˈnist]
espião (m)	**spion** (f)	[spiˈoˀn]

preso, prisioneiro (m)	**fange** (f)	['faŋə]
grevista (m)	**strejkende** (f)	['stʁajkɛnə]
burocrata (m)	**bureaukrat** (f)	[byoˈkʁɑˀt]
viajante (m)	**rejsende** (f)	['ʁajsənə]

homossexual (m)	**homoseksuel** (f)	['hoːmosɛksuˈɛlˀ]
hacker (m)	**hacker** (f)	['hakʌ]
hippie (m, f)	**hippie** (f)	['hipi]

bandido (m)	**bandit** (f)	[banˈdit]
assassino (m)	**lejemorder** (f)	['lajəˌmoɐ̯dʌ]
drogado (m)	**narkoman** (f)	[nɑkoˈmæˀn]
traficante (m)	**narkohandler** (f)	['nɑːkoˌhanlʌ]
prostituta (f)	**prostitueret** (f)	[pʁostituˈeˀʌð]
cafetão (m)	**alfons** (f)	[alˈfʌŋs]

bruxo (m)	**troldmand** (f)	['tʁʌlˌmanˀ]
bruxa (f)	**troldkvinde** (f)	['tʁʌlˌkvenə]
pirata (m)	**pirat, sørøver** (f)	[piˈʁɑˀt], ['søˌʁœːvʌ]
escravo (m)	**slave** (f)	['slæːvə]
samurai (m)	**samurai** (f)	[samuˈʁajˀ]
selvagem (m)	**vildmand** (f)	['vilˌmanˀ]

Educação

94. Escola

| escola (f) | skole (f) | ['sko:lə] |
| diretor (m) de escola | skoleinspektør (f) | ['sko:lə ɛnspək'tø'g̊] |

aluno (m)	elev (f)	[e'le'w]
aluna (f)	elev (f)	[e'le'w]
estudante (m)	skoleelev (f)	['sko:lə e'le'w]
estudante (f)	skoleelev (f)	['sko:lə e'le'w]

ensinar (vt)	at undervise	[ʌ 'ɔnʌ‚vi'sə]
aprender (vt)	at lære	[ʌ 'lɛ:ʌ]
decorar (vt)	at lære udenad	[ʌ 'lɛ:ʌ 'uðən'að]

estudar (vi)	at lære	[ʌ 'lɛ:ʌ]
estar na escola	at gå i skole	[ʌ gɔ' i 'sko:lə]
ir à escola	at gå i skole	[ʌ gɔ' i 'sko:lə]

| alfabeto (m) | alfabet (i) | [alfa'be't] |
| disciplina (f) | fag (i) | ['fæ'j] |

sala (f) de aula	klasseværelse (i)	['klasə‚væɡ̊ʌlsə]
lição, aula (f)	time (f)	['ti:mə]
recreio (m)	frikvarter (i)	['fʁikvɑ‚te'g̊]
toque (m)	skoleklokke (f)	['sko:lə‚klʌkə]
classe (f)	skolebord (i)	['sko:lə‚bo'g̊]
quadro (m) negro	tavle (f)	['tawlə]

nota (f)	karakter (f)	[kɑɑk'te'g̊]
boa nota (f)	høj karakter (f)	['hʌj kɑɑk'te'g̊]
nota (f) baixa	dårlig karakter (f)	['dɒ:li kɑɑk'te'g̊]
dar uma nota	at give karakter	[ʌ 'gi' kɑɑk'te'g̊]

erro (m)	fejl (f)	['fɑj'l]
errar (vi)	at lave fejl	[ʌ 'læ:və 'fɑj'l]
corrigir (~ um erro)	at rette	[ʌ 'ʁatə]
cola (f)	snydeseddel (f)	['sny:ðə‚sɛð'əl]

| dever (m) de casa | hjemmeopgave (f) | ['jɛmə 'ʌp‚gæ:və] |
| exercício (m) | øvelse (f) | ['ø:vəlsə] |

estar presente	at være til stede	[ʌ 'vɛ:ʌ tel 'stɛ:ðə]
estar ausente	at være fraværende	[ʌ 'vɛ:ʌ 'fʁɑ‚vɛ'ʌnə]
faltar às aulas	at forsømme skolen	[ʌ fʌ'sœm'ə 'sko:lən]

punir (vt)	at straffe	[ʌ 'stʁɑfə]
punição (f)	straf (f), afstraffelse (f)	['stʁɑf], ['aw‚stʁɑfəlsə]
comportamento (m)	opførsel (f)	['ʌp‚føg̊'səl]

boletim (m) escolar	karakterbog (f)	[kɑɑk'teg̥ˌbɔˀw]
lápis (m)	blyant (f)	['bly:ˌanˀt]
borracha (f)	viskelæder (i)	['veskəˌlɛðˀʌ]
giz (m)	kridt (i)	['kʁit]
porta-lápis (m)	penalhus (i)	[pe'næˀlˌhuˀs]

mala, pasta, mochila (f)	skoletaske (f)	['skoːlə ˌtaskə]
caneta (f)	pen (f)	['pɛnˀ]
caderno (m)	hæfte (i)	['hɛftə]
livro (m) didático	lærebog (f)	['lɛːʌˌbɔˀw]
compasso (m)	passer (f)	['pasʌ]

| traçar (vt) | at tegne | [ʌ 'tajnə] |
| desenho (m) técnico | teknisk tegning (f) | ['tɛknisk 'tajneŋ] |

poesia (f)	digt (i)	['degt]
de cor	udenad	['uðən'að]
decorar (vt)	at lære udenad	[ʌ 'lɛːʌ 'uðən'að]

férias (f pl)	skoleferie (f)	['skoːləˌfeg̥ˀiə]
estar de férias	at holde ferie	[ʌ 'hʌlə 'feg̥ˀiə]
passar as férias	at tilbringe ferien	[ʌ 'telˌbʁɛŋˀə 'feg̥ˀiən]

teste (m), prova (f)	prøve (f)	['pʁœːwə]
redação (f)	skolestil (f)	['skoːlə ˌstiˀl]
ditado (m)	diktat (i, f)	[dik'tæˀt]
exame (m), prova (f)	eksamen (f)	[ɛk'sæˀmən]
fazer prova	at tage en eksamen	[ʌ 'aw'lɛgə en ɛk'sæˀmən]
experiência (~ química)	forsøg (i)	[fʌ'søˀj]

95. Colégio. Universidade

academia (f)	akademi (i)	[akadə'miˀ]
universidade (f)	universitet (i)	[univæg̥si'teˀt]
faculdade (f)	fakultet (i)	[fakul'teˀt]

estudante (m)	studerende (f)	[stu'deˀʌnə]
estudante (f)	kvindelig studerende (f)	['kvenəli stu'deˀʌnə]
professor (m)	lærer, forelæser (f)	['lɛːʌ], ['fɔːɒˌlɛˀsʌ]

| auditório (m) | forelæsningssal (f) | ['fɔːɒˌlɛˀsneŋˌsæˀl] |
| graduado (m) | alumne (f) | [a'lɔmnə] |

| diploma (m) | diplom (i) | [di'ploˀm] |
| tese (f) | afhandling (f) | ['awˌhanˀleŋ] |

| estudo (obra) | studie (i, f) | ['stuˀdjə] |
| laboratório (m) | laboratorium (i) | [labɒʁa'toɡ̊ˀjɔm] |

| palestra (f) | forelæsning (f) | ['fɔːɒˌlɛˀsneŋ] |
| colega (m) de curso | studiekammerat (f) | ['stuˀdjə kaməˀʁɑˀt] |

| bolsa (f) de estudos | stipendium (i) | [sti'pɛnˀdjɔm] |
| grau (m) acadêmico | akademisk grad (f) | [aka'deˀmisk 'gʁɑˀð] |

96. Ciências. Disciplinas

matemática (f)	matematik (f)	[matəma'tik]
álgebra (f)	algebra (f)	['algə‚bʁɑˀ]
geometria (f)	geometri (f)	[geomə'tʁiˀ]
astronomia (f)	astronomi (f)	[astʁo'noˀm]
biologia (f)	biologi (f)	[biolo'giˀ]
geografia (f)	geografi (f)	[geogʁɑ'fiˀ]
geologia (f)	geologi (f)	[geolo'giˀ]
história (f)	historie (f)	[hi'stoɐ̯ˀiə]
medicina (f)	medicin (f)	[medi'siˀn]
pedagogia (f)	pædagogik (f)	[pɛdago'gik]
direito (m)	ret (f)	['ʁat]
física (f)	fysik (f)	[fy'sik]
química (f)	kemi (f)	[ke'miˀ]
filosofia (f)	filosofi (f)	[filoso'fiˀ]
psicologia (f)	psykologi (f)	[sykolo'giˀ]

97. Sistema de escrita. Ortografia

gramática (f)	grammatik (f)	[gʁama'tik]
vocabulário (m)	ordforråd (i)	['oɐ̯fɒ‚ʁoˀð]
fonética (f)	fonetik (f)	[fonə'tik]
substantivo (m)	substantiv (i)	['substan‚tiwˀ]
adjetivo (m)	adjektiv (i)	['aðjɛk‚tiwˀ]
verbo (m)	verbum (i)	['væɡbɔm]
advérbio (m)	adverbium (i)	[að'væɡˀbjɔm]
pronome (m)	pronomen (i)	[pʁo'no:mən]
interjeição (f)	interjektion (f)	[entʌjɛk'ɕoˀn]
preposição (f)	præposition (f)	[pʁɛposi'ɕoˀn]
raiz (f)	rod (f)	['ʁoˀð]
terminação (f)	endelse (f)	['ɛnəlsə]
prefixo (m)	præfiks (i)	[pʁɛ'fiks]
sílaba (f)	stavelse (f)	['stæ:vəlsə]
sufixo (m)	suffiks (i)	[su'fiks]
acento (m)	betoning (f), tryk (i)	[be'toˀneŋ], ['tʁœk]
apóstrofo (f)	apostrof (f)	[ɑpo'stʁʌf]
ponto (m)	punktum (i)	['pɔŋtɔm]
vírgula (f)	komma (i)	['kʌma]
ponto e vírgula (m)	semikolon (i)	[semi'ko:lʌn]
dois pontos (m pl)	kolon (i)	['ko:lʌn]
reticências (f pl)	tre prikker (f pl)	['tʁɛ: 'pʁɛkʌ]
ponto (m) de interrogação	spørgsmålstegn (i)	['spœɡs‚mɔls tɑjˀn]
ponto (m) de exclamação	udråbstegn (i)	['uðʁɔbs‚tɑjˀn]

aspas (f pl)	anførselstegn (i pl)	['an‚føɐ̯səls‚taj'n]
entre aspas	i anførselstegn	[i 'an‚føɐ̯səls‚taj'n]
parênteses (m pl)	parentes (f)	[pɑɑn'te's]
entre parênteses	i parentes	[i pɑɑn'te's]

hífen (m)	bindestreg (f)	['benəstʁɑj]
travessão (m)	tankestreg (f)	['tɑŋkə‚stʁɑj']
espaço (m)	mellemrum (i)	['mɛləm‚ʁɔm']

| letra (f) | bogstav (i) | ['bɔw‚stæw] |
| letra (f) maiúscula | stort bogstav (i) | ['sto'ɐ̯t 'bɔgstæw] |

| vogal (f) | vokal (f) | [vo'kæ'l] |
| consoante (f) | konsonant (f) | [kʌnso'nan't] |

frase (f)	sætning (f)	['sɛtneŋ]
sujeito (m)	subjekt (i)	[sub'jɛkt]
predicado (m)	prædikat (i)	[pʁɛdi'kæ't]

linha (f)	linje (f)	['linjə]
em uma nova linha	på ny linje	[pɔ ny 'linjə]
parágrafo (m)	afsnit (i)	['ɑw‚snit]

palavra (f)	ord (i)	['o'ɐ̯]
grupo (m) de palavras	ordgruppe (f)	['oɐ̯‚gʁupə]
expressão (f)	udtryk (i)	['uð‚tʁœk]
sinônimo (m)	synonym (i)	[syno'ny'm]
antônimo (m)	antonym (i)	[anto'ny'm]

regra (f)	regel (f)	['ʁɛj'əl]
exceção (f)	undtagelse (f)	['ɔn‚tæ'jəlsə]
correto (adj)	rigtig	['ʁɛgti]

conjugação (f)	bøjning (f)	['bʌjneŋ]
declinação (f)	bøjning (f)	['bʌjneŋ]
caso (m)	kasus (f)	['kæ:sus]
pergunta (f)	spørgsmål (i)	['spœɐ̯s‚mɔ'l]
sublinhar (vt)	at understrege	[ʌ 'ɔnʌ‚sdʁɑjə]
linha (f) pontilhada	punkteret linje (f)	[pɔŋ'te'ʌð 'linjə]

98. Línguas estrangeiras

língua (f)	sprog (i)	['spʁɔ'w]
estrangeiro (adj)	fremmed-	['fʁaməð-]
língua (f) estrangeira	fremmedsprog (i)	['fʁaməð'spʁɔ'w]
estudar (vt)	at studere	[ʌ stu'de'ʌ]
aprender (vt)	at lære	[ʌ 'lɛ:ʌ]

ler (vt)	at læse	[ʌ 'lɛ:sə]
falar (vi)	at tale	[ʌ 'tæ:lə]
entender (vt)	at forstå	[ʌ fʌ'stɔ']
escrever (vt)	at skrive	[ʌ 'skʁi:və]
rapidamente	hurtigt	['hoɐ̯tit]
devagar, lentamente	langsomt	['laŋ‚sʌmt]

fluentemente	**flydende**	['fly:ðənə]
regras (f pl)	**regler** (f pl)	['ʁɛjlʌ]
gramática (f)	**grammatik** (f)	[gʁama'tik]
vocabulário (m)	**ordforråd** (i)	['oɐ̯fɒˌʁɔˀð]
fonética (f)	**fonetik** (f)	[fonə'tik]

livro (m) didático	**lærebog** (f)	['lɛːʌˌbɔˀw]
dicionário (m)	**ordbog** (f)	['oɐ̯ˌbɔˀw]
manual (m) autodidático	**lærebog** (f) **til selvstudium**	['lɛːʌˌbɔˀw tel 'sɛlˌstuˀdjɔm]
guia (m) de conversação	**parlør** (f)	[pɑ'lœːɐ̯]

fita (f) cassete	**kassette** (f)	[ka'sɛtə]
videoteipe (m)	**videokassette** (f)	['viˀdjo ka'sɛtə]
CD (m)	**cd** (f)	[se'deˀ]
DVD (m)	**dvd** (f)	[deve'deˀ]

alfabeto (m)	**alfabet** (i)	[alfa'beˀt]
soletrar (vt)	**at stave**	[ʌ 'stæːvə]
pronúncia (f)	**udtale** (f)	['uðˌtæːlə]

sotaque (m)	**accent** (f)	[ak'sɑŋ]
com sotaque	**med accent**	[mɛ ak'sɑŋ]
sem sotaque	**uden accent**	['uðən ak'sɑŋ]

palavra (f)	**ord** (i)	['oˀɐ̯]
sentido (m)	**betydning** (f)	[be'tyðˀneŋ]

curso (m)	**kursus** (i)	['kuɐ̯sʌ]
inscrever-se (vr)	**at indmelde sig**	[ʌ 'enlˌmɛlˀə saj]
professor (m)	**lærer** (f)	['lɛːʌ]

tradução (processo)	**oversættelse** (f)	['ɒwʌˌsɛtəlsə]
tradução (texto)	**oversættelse** (f)	['ɒwʌˌsɛtəlsə]
tradutor (m)	**oversætter** (f)	['ɒwʌˌsɛtʌ]
intérprete (m)	**tolk** (f)	['tʌlˀk]

poliglota (m)	**polyglot** (f)	[poly'glʌt]
memória (f)	**hukommelse** (f)	[hu'kʌmˀəlsə]

Descanso. Entretenimento. Viagens

99. Viagens

turismo (m)	turisme (f)	[tu'ʁismə]
turista (m)	turist (f)	[tu'ʁist]
viagem (f)	rejse (f)	['ʁɑjsə]
aventura (f)	eventyr (i)	['ɛ:vənˌtyɐ̯ˀ]
percurso (curta viagem)	rejse (f)	['ʁɑjsə]
férias (f pl)	ferie (f)	['feɐ̯ˀiə]
estar de férias	at holde ferie	[ʌ 'hʌlə 'feɐ̯ˀiə]
descanso (m)	ophold (i), hvile (f)	['ʌpˌhʌlˀ], ['vi:lə]
trem (m)	tog (i)	['tɔˀw]
de trem (chegar ~)	med tog	[mɛ 'tɔˀw]
avião (m)	fly (i)	['flyˀ]
de avião	med fly	[mɛ 'flyˀ]
de carro	med bil	[mɛ 'biˀl]
de navio	med skib	[mɛ 'skiˀb]
bagagem (f)	bagage (f)	[ba'gæ:ɕə]
mala (f)	kuffert (f)	['kɔfʌt]
carrinho (m)	bagagevogn (f)	[ba'gæ:ɕəˌvɒwˀn]
passaporte (m)	pas (i)	['pas]
visto (m)	visum (i)	['vi:sɔm]
passagem (f)	billet (f)	[bi'lɛt]
passagem (f) aérea	flybillet (f)	['fly bi'lɛt]
guia (m) de viagem	rejsehåndbog (f)	['ʁɑjsəˌhʌnbɔˀw]
mapa (m)	kort (i)	['kɒːt]
área (f)	område (i)	['ʌmˌʁɔːðə]
lugar (m)	sted (i)	['stɛð]
exótico (adj)	eksotisk	[ɛk'soˀtisk]
surpreendente (adj)	forunderlig	[fʌ'ɔnˀʌli]
grupo (m)	gruppe (f)	['gʁupə]
excursão (f)	udflugt (f)	['uðˌflɔgt]
guia (m)	guide (f)	['gɑjd]

100. Hotel

hotel (m)	hotel (i)	[ho'tɛlˀ]
motel (m)	motel (i)	[mo'tɛlˀ]
três estrelas	trestjernet	['tʁɛˌstjæɐ̯ˀnəð]
cinco estrelas	femstjernet	['fɛmˌstjæɐ̯ˀnəð]

ficar (vi, vt)	at bo	[ʌ 'boʔ]
quarto (m)	værelse (i)	['væɐ̯ʌlsə]
quarto (m) individual	enkeltværelse (i)	['ɛŋʔkəltˌvæɐ̯ʌlsə]
quarto (m) duplo	dobbeltværelse (i)	['dʌbəltˌvæɐ̯ʌlsə]
reservar um quarto	at booke et værelse	[ʌ 'bukə et 'væɐ̯ʌlsə]
meia pensão (f)	halvpension (f)	['halʔ paŋ'ɕoʔn]
pensão (f) completa	helpension (f)	['heʔl paŋ'ɕoʔn]
com banheira	med badekar	[mɛ 'bæːðəˌka]
com chuveiro	med brusebad	[mɛ 'bʁuːsəˌbað]
televisão (m) por satélite	satellit-tv (i)	[satə'lit 'teʔˌveʔ]
ar (m) condicionado	klimaanlæg (i)	['kliːma'anˌlɛʔg]
toalha (f)	håndklæde (i)	['hʌnˌklɛːðə]
chave (f)	nøgle (f)	['nʌjlə]
administrador (m)	administrator (f)	[aðmini'stʁaːtʌ]
camareira (f)	stuepige (f)	['stuəˌpiːə]
bagageiro (m)	drager (f)	['dʁaːwʌ]
porteiro (m)	portier (f)	[pɒ'tje]
restaurante (m)	restaurant (f)	[ʁɛsto'ʁaŋ]
bar (m)	bar (f)	['baʔ]
café (m) da manhã	morgenmad (f)	['mɒːɒnˌmað]
jantar (m)	aftensmad (f)	['aftənsˌmað]
bufê (m)	buffet (f)	[by'fe]
saguão (m)	hall, lobby (f)	['hɒːl], ['lʌbi]
elevador (m)	elevator (f)	[elə'væːtʌ]
NÃO PERTURBE	VIL IKKE FORSTYRRES	['vel 'ekə fʌ'styɐ̯ʔʌs]
PROIBIDO FUMAR!	RYGNING FORBUDT	['ʁyːneŋ fʌ'byʔð]

EQUIPAMENTO TÉCNICO. TRANSPORTES

Equipamento técnico. Transportes

101. Computador

computador (m)	computer (f)	[kʌm'pju:tʌ]
computador (m) portátil	bærbar, laptop (f)	['bɛɐ̯ˌbɑ'], ['lapˌtʌp]
ligar (vt)	at tænde	[ʌ 'tɛnə]
desligar (vt)	at slukke	[ʌ 'slɔkə]
teclado (m)	tastatur (i)	[tasta'tuɐ̯']
tecla (f)	tast (f)	['tast]
mouse (m)	mus (f)	['muʔs]
tapete (m) para mouse	musemåtte (f)	['mu:səˌmʌtə]
botão (m)	knap (f)	['knɑp]
cursor (m)	markør (f)	[mɑ'køʔɐ̯]
monitor (m)	monitor, skærm (f)	['mʌnitʌ], ['skæɐ̯'m]
tela (f)	skærm (f)	['skæɐ̯'m]
disco (m) rígido	harddisk (f)	['hɑːdˌdesk]
capacidade (f) do disco rígido	harddisk kapacitet (f)	['hɑːdˌdesk kapasi'teʔt]
memória (f)	hukommelse (f)	[hu'kʌmʔəlsə]
memória RAM (f)	RAM, arbejdslager (i)	['ʁɑmʔ], ['ɑːbɑjdsˌlæʔjʌ]
arquivo (m)	fil (f)	['fiʔl]
pasta (f)	mappe (f)	['mɑpə]
abrir (vt)	at åbne	[ʌ 'ɔːbnə]
fechar (vt)	at lukke	[ʌ 'lɔkə]
salvar (vt)	at bevare	[ʌ be'vɑʔɑ]
deletar (vt)	at slette, at fjerne	[ʌ 'slɛtə], [ʌ 'fjæɐ̯nə]
copiar (vt)	at kopiere	[ʌ ko'pjeʔʌ]
ordenar (vt)	at sortere	[ʌ sɒ'teʔʌ]
copiar (vt)	at overføre	[ʌ 'ɒwʌˌføʔʌ]
programa (m)	program (i)	[pʁo'gʁɑmʔ]
software (m)	programmel (i)	[pʁogʁɑ'mɛlʔ]
programador (m)	programmør (f)	[pʁogʁɑ'møʔɐ̯]
programar (vt)	at programmere	[ʌ pʁogʁɑ'meʔʌ]
hacker (m)	hacker (f)	['hakʌ]
senha (f)	adgangskode (f)	['aðgɑŋsˌkoːðə]
vírus (m)	virus (i, f)	['vi:ʁus]
detectar (vt)	at opdage	[ʌ 'ʌpˌdæʔjə]
byte (m)	byte (f)	['bɑjt]

megabyte (m)	megabyte (f)	['me:ga,bajt]
dados (m pl)	data (i pl)	['dæ:ta]
base (f) de dados	database (f)	['dæ:ta,bæ:sə]

cabo (m)	kabel (i)	['kæʔbəl]
desconectar (vt)	at koble fra	[ʌ 'kʌblə fʁɑʔ]
conectar (vt)	at koble	[ʌ 'kʌblə 'te]

102. Internet. E-mail

internet (f)	internet (i)	['entʌ,nɛt]
browser (m)	browser (f)	['bʁawsʌ]
motor (m) de busca	søgemaskine (f)	['sø:ma,ski:nə]
provedor (m)	leverandør (f)	[levəʁan'døʔg̊]

webmaster (m)	webmaster (f)	['wɛb,mɑ:stʌ]
website (m)	website (i, f)	['wɛb,sajt]
web page (f)	webside (f)	['wɛb,si:ðə]

| endereço (m) | adresse (f) | [a'dʁasə] |
| livro (m) de endereços | adressebog (f) | [a'dʁasə,bɔʔw] |

caixa (f) de correio	postkasse (f)	['pʌst,kasə]
correio (m)	post (f)	['pʌst]
cheia (caixa de correio)	fuld	['fulʔ]

mensagem (f)	meddelelse (f)	['mɛð,deʔləlsə]
mensagens (f pl) recebidas	indgående meddelelser (f pl)	['en,gɔʔənə 'mɛð,deʔləlsʌ]
mensagens (f pl) enviadas	udgående meddelelser (f pl)	['uð,gɔ:ənə 'mɛð,deʔləlsʌ]

remetente (m)	afsender (f)	['aw,sɛnʔʌ]
enviar (vt)	at sende	[ʌ 'sɛnə]
envio (m)	afsendelse (f)	['aw,sɛnʔəlsə]

| destinatário (m) | modtager (f) | ['moð,tæʔjʌ] |
| receber (vt) | at modtage | [ʌ 'moð,tæʔ] |

| correspondência (f) | korrespondance (f) | [kɒɒspʌn'daŋsə] |
| corresponder-se (vr) | at brevveksle | [ʌ 'bʁɛw,vɛkslə] |

arquivo (m)	fil (f)	['fiʔl]
fazer download, baixar (vt)	at downloade	[ʌ 'dawn,lɔwdə]
criar (vt)	at oprette, at skabe	[ʌ 'ʌb,ʁatə], [ʌ 'skæ:bə]
deletar (vt)	at slette, at fjerne	[ʌ 'slɛtə], [ʌ 'fjæg̊nə]
deletado (adj)	slettet	['slɛtəð]

conexão (f)	forbindelse (f)	[fʌ'benʔəlsə]
velocidade (f)	hastighed (f)	['hasti,heð']
modem (m)	modem (i)	['mo:dɛm]
acesso (m)	adgang (f)	['að,gaŋʔ]
porta (f)	port (f)	['pog̊ʔt]

| conexão (f) | tilkobling (f) | ['tel,kʌbleŋ] |
| conectar (vi) | at koblet op til ... | [ʌ 'kʌblə 'ʌp tel ...] |

escolher (vt)	at vælge	[ʌ 'vɛljə]
buscar (vt)	at søge efter …	[ʌ 'sø:ə 'ɛftʌ …]

103. Eletricidade

eletricidade (f)	elektricitet (f)	[elɛktʁisi'te'tʰ]
elétrico (adj)	elektrisk	[e'lɛktʁisk]
planta (f) elétrica	elværk (i)	['ɛlˌvæɐ̯k]
energia (f)	energi (f)	[enæɐ̯'gi']
energia (f) elétrica	elkraft (f)	['ɛlˌkʁɑft]

lâmpada (f)	elpære (f)	['ɛlˌpɛ'ʌ]
lanterna (f)	lommelygte (f)	['lʌməˌløgtə]
poste (m) de iluminação	gadelygte (f)	['gæːðəˌløgtə]

luz (f)	lys (i)	['ly's]
ligar (vt)	at tænde	[ʌ 'tɛnə]
desligar (vt)	at slukke	[ʌ 'slɔkə]
apagar a luz	at slukke lyset	[ʌ 'slɔkə 'ly'səð]

queimar (vi)	at brænde ud	[ʌ 'bʁanə uð']
curto-circuito (m)	kortslutning (f)	['kɔːtˌslutneŋ]
ruptura (f)	kabelbrud (i)	['kæ'bəlˌbʁuð]
contato (m)	kontakt (f)	[kɔn'tɑkt]

interruptor (m)	afbryder (f)	['ɑwˌbʁyð'ʌ]
tomada (de parede)	stikkontakt (f)	['stek kɔn'tɑkt]
plugue (m)	stik (i)	['stek]
extensão (f)	stikdåse (f)	['stekˌdɔːsə]

fusível (m)	sikring (f)	['sekʁɛŋ]
fio, cabo (m)	ledning (f)	['leðneŋ]
instalação (f) elétrica	ledningsnet (i)	['leðneŋsˌnɛt]

ampère (m)	ampere (f)	[ɑm'pɛːɐ̯]
amperagem (f)	strømstyrke (f)	['stʁœmˌstyɐ̯kə]
volt (m)	volt (f)	['vʌl'tʰ]
voltagem (f)	spænding (f)	['spɛneŋ]

aparelho (m) elétrico	elektrisk apparat (i)	[e'lɛktʁisk ɑpa'ʁɑ'tʰ]
indicador (m)	indikator (f)	[endi'kæːtʌ]

eletricista (m)	elektriker (f)	[e'lɛktʁikʌ]
soldar (vt)	at lodde	[ʌ 'lʌðə]
soldador (m)	loddekolbe (f)	['lʌðəˌkʌlbə]
corrente (f) elétrica	strøm (f)	['stʁœm']

104. Ferramentas

ferramenta (f)	værktøj (i)	['væɐ̯kˌtʌj]
ferramentas (f pl)	værktøjer (i pl)	['væɐ̯kˌtʌjʌ]
equipamento (m)	udstyr (i)	['uðˌstyɐ̯']

martelo (m)	hammer (f)	['hɑmʌ]
chave (f) de fenda	skruetrækker (f)	['skʁuːəˌtʁakʌ]
machado (m)	økse (f)	['øksə]

serra (f)	sav (f)	['sæˀv]
serrar (vt)	at save	[ʌ 'sæːvə]
plaina (f)	høvl (f)	['hœwˀl]
aplainar (vt)	at høvle	[ʌ 'hœwlə]
soldador (m)	loddekolbe (f)	['lʌðəˌkʌlbə]
soldar (vt)	at lodde	[ʌ 'lʌðə]

lima (f)	fil (f)	['fiˀl]
tenaz (f)	knibtang (f)	['kniwˌtaŋˀ]
alicate (m)	fladtang (f)	['flaðˌtaŋˀ]
formão (m)	stemmejern (i)	['stɛməjæɐ̯ˀn]

broca (f)	bor (i)	['boˀɐ̯]
furadeira (f) elétrica	boremaskine (f)	['boːʌ ma'skiːnə]
furar (vt)	at bore	[ʌ 'boːʌ]

faca (f)	kniv (f)	['kniwˀ]
lâmina (f)	blad (i)	['blað]

afiado (adj)	skarp	['skɑːp]
cego (adj)	sløv	['sløwˀ]
embotar-se (vr)	at blive sløv	[ʌ 'bliːə 'sløwˀ]
afiar, amolar (vt)	at skærpe, at hvæsse	[ʌ 'skæɐ̯pə], [ʌ 'vɛsə]

parafuso (m)	bolt (f)	['bʌlˀt]
porca (f)	møtrik (f)	['møtʁɛk]
rosca (f)	gevind (i)	[ge'venˀ]
parafuso (para madeira)	skrue (f)	['skʁuːə]

prego (m)	søm (i)	['sœmˀ]
cabeça (f) do prego	sømhoved (i)	['sœmˌhoːəð]

régua (f)	lineal (f)	[line'æˀl]
fita (f) métrica	målebånd (i)	['mɔːləˌbʌnˀ]
nível (m)	vaterpas (i)	['vatʌˌpas]
lupa (f)	lup (f)	['lup]

medidor (m)	måleinstrument (i)	['mɔːlə enstʁu'mɛnˀt]
medir (vt)	at måle	[ʌ 'mɔːlə]
escala (f)	skala (f)	['skæːla]
indicação (f), registro (m)	aflæsninger (f pl)	['awˌlɛˀsneŋʌ]

compressor (m)	kompressor (f)	[kʌm'pʁasʌ]
microscópio (m)	mikroskop (i)	[mikʁo'skoˀp]

bomba (f)	pumpe (f)	['pɔmpə]
robô (m)	robot (f)	[ʁo'bʌt]
laser (m)	laser (f)	['lɛjsʌ], ['læːsʌ]

chave (f) de boca	skruenøgle (f)	['skʁuːəˌnʌjlə]
fita (f) adesiva	klisterbånd (i), tape (f)	['klistʌˌbʌnˀ], ['tɛjp]
cola (f)	lim (f)	['liˀm]

lixa (f)	sandpapir (i)	['sanpa,piɐ̯']
mola (f)	fjeder (f)	['fjeð'ʌ]
ímã (m)	magnet (f)	[maw'ne't]
luva (f)	handsker (f pl)	['hanskʌ]

corda (f)	reb (i)	['ʁɛ'b]
cabo (~ de nylon, etc.)	snor (f)	['sno'ɐ̯]
fio (m)	ledning (f)	['leðneŋ]
cabo (~ elétrico)	kabel (i)	['kæ'bəl]

marreta (f)	mukkert (f)	['mɔkʌt]
pé de cabra (m)	brækstang (f)	['bʁakˌjæɐ̯'n]
escada (f) de mão	stige (f)	['stiː̯ə]
escada (m)	trappestige (f)	['tʁapəˌstiːə]

enroscar (vt)	at skrue fast	[ʌ 'skʁuːə 'fast]
desenroscar (vt)	at skrue af	[ʌ 'skʁuːə 'æ']
apertar (vt)	at klemme	[ʌ 'klɛmə]
colar (vt)	at klæbe, at lime	[ʌ 'klɛːbə], [ʌ 'liːmə]
cortar (vt)	at skære	[ʌ 'skɛːʌ]

falha (f)	funktionsfejl (f)	[fɔŋ'ɕo'nsˌfɑj'l]
conserto (m)	reparation (f)	[ʁɛpʁɑ'ɕo'n]
consertar, reparar (vt)	at reparere	[ʌ ʁɛpə'ʁɛ'ʌ]
regular, ajustar (vt)	at justere	[ʌ ju'ste'ʌ]

verificar (vt)	at tjekke	[ʌ 'tjɛkə]
verificação (f)	kontrol (f)	[kɔn'tʁʌl']
indicação (f), registro (m)	aflæsninger (f pl)	['awˌlɛ'sneŋʌ]

seguro (adj)	pålidelig	[pʌ'liðˀəli]
complicado (adj)	kompleks	[kʌm'plɛks]

enferrujar (vi)	at ruste	[ʌ 'ʁɔstə]
enferrujado (adj)	rusten	['ʁɔstən]
ferrugem (f)	rust (f)	['ʁɔst]

Transportes

105. Avião

avião (m)	fly (i)	['fly']
passagem (f) aérea	flybillet (f)	['fly bi'lɛt]
companhia (f) aérea	flyselskab (i)	['fly'sɛl,skæ'b]
aeroporto (m)	lufthavn (f)	['lɔft,hɑw'n]
supersônico (adj)	overlyds-	['ɒwʌ,lyðs-]
comandante (m) do avião	kaptajn (f)	[kɑp'taj'n]
tripulação (f)	besætning (f)	[be'sɛtneŋ]
piloto (m)	pilot (f)	[pi'lo't]
aeromoça (f)	stewardesse (f)	[stjuɑ'dɛsə]
copiloto (m)	styrmand (f)	['styɐ̯,man']
asas (f pl)	vinger (f pl)	['veŋʌ]
cauda (f)	hale (f)	['hæ:lə]
cabine (f)	cockpit (i)	['kʌk,pit]
motor (m)	motor (f)	['mo:tʌ]
trem (m) de pouso	landingshjul (i)	['laneŋs,ju'l]
turbina (f)	turbine (f)	[tuɐ̯'bi:nə]
hélice (f)	propel (f)	[pʁo'pɛl']
caixa-preta (f)	sort boks (f)	['soɐ̯t 'bʌks]
coluna (f) de controle	rat (i)	['ʁat]
combustível (m)	brændstof (i)	['bʁan,stʌf]
instruções (f pl) de segurança	sikkerhedsinstruks (f)	['sekʌ,heð' en'stʁuks]
máscara (f) de oxigênio	iltmaske (f)	['ilt,maskə]
uniforme (m)	uniform (f)	[uni'fɒ'm]
colete (m) salva-vidas	redningsvest (f)	['ʁɛðneŋs,vɛst]
paraquedas (m)	faldskærm (f)	['fal,skæɐ̯'m]
decolagem (f)	start (f)	['stɑ't]
descolar (vi)	at lette	[ʌ 'lɛtə]
pista (f) de decolagem	startbane (f)	['stɑ:t,bæ:nə]
visibilidade (f)	sigtbarhed (f)	['segtbɑ,heð']
voo (m)	flyvning (f)	['flywneŋ]
altura (f)	højde (f)	['hʌj'də]
poço (m) de ar	lufthul (i)	['lɔft,hɔl]
assento (m)	plads (f)	['plas]
fone (m) de ouvido	hovedtelefoner (f pl)	['ho:əð telə'fo'nʌ]
mesa (f) retrátil	klapbord (i)	['klɑp,bo'ɐ̯]
janela (f)	vindue (i)	['vendu]
corredor (m)	midtergang (f)	['metʌ,gaŋ']

106. Comboio

trem (m)	tog (i)	['tɔˀw]
trem (m) elétrico	lokaltog (i)	[lo'kæˀl̩ˌtɔˀw]
trem (m)	lyntog, eksprestog (i)	['ly:nˌtɔˀw], [ɛks'pʁasˌtɔˀw]
locomotiva (f) diesel	diesellokomotiv (i)	['diˀsəl lokomo'tiwˀ]
locomotiva (f) a vapor	damplokomotiv (i)	['damp lokomo'tiwˀ]

vagão (f) de passageiros	vogn (f)	['vɒwˀn]
vagão-restaurante (m)	spisevogn (f)	['spi:səˌvɒwˀn]

carris (m pl)	skinner (f pl)	['skenʌ]
estrada (f) de ferro	jernbane (f)	['jæɐ̯ˀnˌbæ:nə]
travessa (f)	svelle (f)	['svɛlə]

plataforma (f)	perron (f)	[pa'ʁʌŋ]
linha (f)	spor (i)	['spoˀɐ̯]
semáforo (m)	semafor (f)	[sema'foˀɐ̯]
estação (f)	station (f)	[sta'ɕoˀn]

maquinista (m)	togfører (f)	['tɔwˌføːʌ]
bagageiro (m)	drager (f)	['dʁɑːwʌ]
hospedeiro, -a (m, f)	togbetjent (f)	['tɔw be'tjɛnˀt]
passageiro (m)	passager (f)	[pasa'ɕeˀɐ̯]
revisor (m)	kontrollør (f)	[kʌntʁo'løˀɐ̯]

corredor (m)	korridor (f)	[kɒi'doˀɐ̯]
freio (m) de emergência	nødbremse (f)	['nøðˌbʁamsə]

compartimento (m)	kupe, kupé (f)	[ku'peˀ]
cama (f)	køje (f)	['kʌjə]
cama (f) de cima	overkøje (f)	['ɒwʌˌkʌjə]
cama (f) de baixo	underkøje (f)	['ɔnʌˌkʌjə]
roupa (f) de cama	sengetøj (i)	['sɛŋəˌtʌj]

passagem (f)	billet (f)	[bi'lɛt]
horário (m)	køreplan (f)	['køːʌˌplæˀn]
painel (m) de informação	informationstavle (f)	[enfɒma'ɕons ˌtawlə]

partir (vt)	at afgå	[ʌ 'awˌgɔˀ]
partida (f)	afgang (f)	['awˌgaŋˀ]
chegar (vi)	at ankomme	[ʌ 'anˌkʌmˀə]
chegada (f)	ankomst (f)	['anˌkʌmˀst]

chegar de trem	at ankomme med toget	[ʌ 'anˌkʌmˀə mɛ 'tɔˀwəð]
pegar o trem	at stå på toget	[ʌ 'stiːə pɔ 'tɔˀwəð]
descer de trem	at stå af toget	[ʌ 'stiːə a 'tɔˀwəð]

acidente (m) ferroviário	togulykke (f)	['tɔw uˌløkə]
descarrilar (vi)	at afspore	[ʌ 'awˌspoˀʌ]

locomotiva (f) a vapor	damplokomotiv (i)	['damp lokomo'tiwˀ]
foguista (m)	fyrbøder (f)	['fyɐ̯ˌbøðʌ]
fornalha (f)	fyrrum (i)	['fyɐ̯ˌʁomˀ]
carvão (m)	kul (i)	['kɔl]

107. Barco

| navio (m) | skib (i) | [' skiˀb] |
| embarcação (f) | fartøj (i) | ['fɑːˌtʌj] |

barco (m) a vapor	dampskib (i)	['dɑmpˌskiˀb]
barco (m) fluvial	flodbåd (f)	['floðˌbɔˀð]
transatlântico (m)	cruiseskib (i)	['kʁuːsˌskiˀb]
cruzeiro (m)	krydser (f)	['kʁysʌ]

iate (m)	yacht (f)	['jɑgt]
rebocador (m)	bugserbåd (f)	[bug'seg̊ˌbɔˀð]
barcaça (f)	pram (f)	['pʁɑmˀ]
ferry (m)	færge (f)	['fæg̊wə]

| veleiro (m) | sejlbåd (f) | ['sɑjlˌbɔˀð] |
| bergantim (m) | brigantine (f) | [bʁigan'tiːnə] |

| quebra-gelo (m) | isbryder (f) | ['isˌbʁyðʌ] |
| submarino (m) | u-båd (f) | ['uˀˌbɔð] |

bote, barco (m)	båd (f)	['bɔˀð]
baleeira (bote salva-vidas)	jolle (f)	['jʌlə]
bote (m) salva-vidas	redningsbåd (f)	['ʁɛðneŋsˌbɔˀð]
lancha (f)	motorbåd (f)	['moːtʌˌbɔˀð]

capitão (m)	kaptajn (f)	[kap'tɑjˀn]
marinheiro (m)	matros (f)	[ma'tʁoˀs]
marujo (m)	sømand (f)	['søˌmanˀ]
tripulação (f)	besætning (f)	[be'sɛtneŋ]

contramestre (m)	bådsmand (f)	['bɔðsˌmanˀ]
grumete (m)	skibsdreng, jungmand (f)	['skibsˌdʁaŋˀ], ['joŋˌmanˀ]
cozinheiro (m) de bordo	kok (f)	['kʌk]
médico (m) de bordo	skibslæge (f)	['skibsˌlɛːjə]

convés (m)	dæk (i)	['dɛk]
mastro (m)	mast (f)	['mast]
vela (f)	sejl (i)	['sɑjˀl]

porão (m)	lastrum (i)	['lastˌʁɔmˀ]
proa (f)	bov (f)	['bɒwˀ]
popa (f)	agterende (f)	['agtʌˌʁanə]
remo (m)	åre (f)	['ɒːɒ]
hélice (f)	propel (f)	[pʁo'pɛlˀ]

cabine (m)	kahyt (f)	[ka'hyt]
sala (f) dos oficiais	officersmesse (f)	[ʌfi'seg̊s ˌmɛsə]
sala (f) das máquinas	maskinrum (i)	[ma'skiːnˌʁɔmˀ]
ponte (m) de comando	kommandobro (f)	[kɒ'mandoˌbʁoˀ]
sala (f) de comunicações	radiorum (i)	['ʁadjoˌʁɔmˀ]
onda (f)	bølge (f)	['bøljə]
diário (m) de bordo	logbog (f)	['lʌgˌbɔˀw]
luneta (f)	kikkert (f)	['kikʌt]
sino (m)	klokke (f)	['klʌkə]

bandeira (f)	flag (i)	['flæˀj]
cabo (m)	trosse (f)	['tʁʌsə]
nó (m)	knob (i)	['knoˀb]

| corrimão (m) | håndlister (pl) | ['hʌnˌlestʌ] |
| prancha (f) de embarque | landgang (f) | ['lanˌgaŋˀ] |

âncora (f)	anker (i)	['aŋkʌ]
recolher a âncora	at lette anker	[ʌ 'lɛtə 'aŋkʌ]
jogar a âncora	at kaste anker	[ʌ 'kastə 'aŋkʌ]
amarra (corrente de âncora)	ankerkæde (f)	['aŋkʌˌkɛ:ðə]

porto (m)	havn (f)	['hawˀn]
cais, amarradouro (m)	kaj (f)	['kajˀ]
atracar (vi)	at fortøje	[ʌ fʌ'tʌjˀə]
desatracar (vi)	at kaste los	[ʌ 'kastə 'lʌs]

viagem (f)	rejse (f)	['ʁajsə]
cruzeiro (m)	krydstogt (i)	['kʁysˌtʌgt]
rumo (m)	kurs (f)	['kuɡ̊ˀs]
itinerário (m)	rute (f)	['ʁu:tə]

canal (m) de navegação	sejlrende (f)	['sajlˌʁanə]
banco (m) de areia	grund (f)	['gʁɔnˀ]
encalhar (vt)	at gå på grund	[ʌ 'gɔˀ pɔ 'gʁɔnˀ]

tempestade (f)	storm (f)	['stɒˀm]
sinal (m)	signal (i)	[si'næˀl]
afundar-se (vr)	at synke	[ʌ 'søŋkə]
Homem ao mar!	Mand over bord!	['manˀ 'ɒwʌ ˌboˀɡ̊]
SOS	SOS	[ɛso'ɛs]
boia (f) salva-vidas	redningskrans (f)	['ʁɛðneŋsˌkʁanˀs]

108. Aeroporto

aeroporto (m)	lufthavn (f)	['lɔftˌhawˀn]
avião (m)	fly (i)	['flyˀ]
companhia (f) aérea	flyselskab (i)	['flyˀsɛlˌskæˀb]
controlador (m) de tráfego aéreo	flyveleder (f)	['fly:vəˌle:ðʌ]

partida (f)	afgang (f)	['awˌgaŋˀ]
chegada (f)	ankomst (f)	['anˌkʌmˀst]
chegar (vi)	at ankomme	[ʌ 'anˌkʌmˀə]

| hora (f) de partida | afgangstid (f) | ['awgaŋsˌtiðˀ] |
| hora (f) de chegada | ankomsttid (f) | ['ankʌmˀstˌtið] |

| estar atrasado | at blive forsinke | [ʌ 'bli:ə fʌ'seŋˀkə] |
| atraso (m) de voo | afgangsforsinkelse (f) | ['awˌgaŋs fʌ'seŋkəlsə] |

painel (m) de informação	informationstavle (f)	[enfɒma'ɕɔns ˌtawlə]
informação (f)	information (f)	[enfɒma'ɕoˀn]
anunciar (vt)	at meddele	[ʌ 'mɛðˌdeˀlə]

voo (m)	flight (f)	['flɑjt]
alfândega (f)	told (f)	['tʌlˀ]
funcionário (m) da alfândega	toldbetjent (f)	['tʌl be'tjɛnˀt]

declaração (f) alfandegária	tolddeklaration (f)	['tʌl deklɑɑˌɕoˀn]
preencher (vt)	at udfylde	[ʌ 'uðˌfylˀə]
preencher a declaração	at udfylde	[ʌ 'uðˌfylˀə
	en tolddeklaration	en 'tʌlˀdeklɑɑ'ɕoˀn]
controle (m) de passaporte	paskontrol (f)	['paskɔnˌtʁʌlˀ]

bagagem (f)	bagage (f)	[ba'gæ:ɕə]
bagagem (f) de mão	håndbagage (f)	['hʌn ba'gæ:ɕə]
carrinho (m)	bagagevogn (f)	[ba'gæ:ɕəˌvɒwˀn]

pouso (m)	landing (f)	['laneŋ]
pista (f) de pouso	landingsbane (f)	['laneŋsˌbæ:nə]
aterrissar (vi)	at lande	[ʌ 'lanə]
escada (f) de avião	trappe (f)	['tʁɑpə]

check-in (m)	check-in (f)	[tjɛk'en]
balcão (m) do check-in	check-in-skranke (f)	[tjɛk'enˌskʁɑŋkə]
fazer o check-in	at tjekke ind	[ʌ 'tjɛkə 'enˀ]
cartão (m) de embarque	boardingkort (i)	['bɒːdeŋˌkɒːt]
portão (m) de embarque	gate (f)	['gɛjt]

trânsito (m)	transit (f)	[tʁɑn'sit]
esperar (vi, vt)	at vente	[ʌ 'vɛntə]
sala (f) de espera	ventesal (f)	['vɛntəˌsæˀl]
despedir-se (acompanhar)	at vinke farvel	[ʌ 'veŋkə fa'vɛl]
despedir-se (dizer adeus)	at sige farvel	[ʌ 'si: fa'vɛl]

Eventos

109. Férias. Evento

festa (f)	fest (f)	['fɛst]
feriado (m) nacional	nationaldag (f)	[naɢo'næ'l̩ˌdæ']
feriado (m)	festdag (f)	['fɛstˌdæ']
festejar (vt)	at fejre	[ʌ 'fajʁʌ]

evento (festa, etc.)	begivenhed (f)	[be'gi'vənˌheð']
evento (banquete, etc.)	arrangement (i)	[aaŋɕə'maŋ]
banquete (m)	banket (f)	[baŋ'kɛt]
recepção (f)	reception (f)	[ʁɛsəp'ɢo'n]
festim (m)	fest (f)	['fɛst]

aniversário (m)	årsdag (f)	['ɒ's̩ˌdæ']
jubileu (m)	jubilæum (i)	[jubi'lɛːɔm]
celebrar (vt)	at fejre	[ʌ 'fajʁʌ]

Ano (m) Novo	nytår (i)	['nytˌɒ']
Feliz Ano Novo!	Godt nytår!	['gʌt 'nytˌɒ']
Papai Noel (m)	Julemanden	['ju:ləˌman']

Natal (m)	jul (f)	['ju'l]
Feliz Natal!	Glædelig Jul!, God Jul!	['glɛːðəli 'ju'l], [goð 'ju'l]
árvore (f) de Natal	juletræ (i)	['ju:ləˌtʁɛ']
fogos (m pl) de artifício	fyrværkeri (i)	[fyɐ̯væɐ̯kʌ'ʁi']

casamento (m)	bryllup (i)	['bʁœlʌp]
noivo (m)	brudgom (f)	['bʁuðˌgʌm']
noiva (f)	brud (f)	['bʁuð]

convidar (vt)	at indbyde, at invitere	[ʌ 'enˌby'ðə], [ʌ envi'te'ʌ]
convite (m)	indbydelse (f)	[en'by'ðəlsə]

convidado (m)	gæst (f)	['gɛst]
visitar (vt)	at besøge	[ʌ be'sø'jə]
receber os convidados	at hilse på gæsterne	[ʌ 'hilsə pɔ 'gɛstɐ̯nə]

presente (m)	gave (f)	['gæːvə]
oferecer, dar (vt)	at give	[ʌ 'gi']
receber presentes	at få gaver	[ʌ 'fɔ' 'gæːvə]
buquê (m) de flores	buket (f)	[bu'kɛt]

felicitações (f pl)	lykønskning (f)	['løkˌøn's̩knen]
felicitar (vt)	at gratulere	[ʌ gʁatu'le'ʌ]

cartão (m) de parabéns	lykønskningskort (i)	['løkˌøn'sknens 'kɒːt]
enviar um cartão postal	at sende et postkort	[ʌ 'sɛnə et 'pʌstˌkɒːt]
receber um cartão postal	at få et postkort	[ʌ 'fɔ' et 'pʌstˌkɒːt]

brinde (m)	skål (f)	['skɔˀl]
oferecer (vt)	at byde på	[ʌ 'by:ðə pɔˀ]
champanhe (m)	champagne (f)	[ɕam'panjə]

divertir-se (vr)	at more sig	[ʌ 'mo:ʌ saj]
diversão (f)	munterhed (f)	['mɔntʌˌheðˀ]
alegria (f)	glæde (f)	['glɛ:ðə]

| dança (f) | dans (f) | ['danˀs] |
| dançar (vi) | at danse | [ʌ 'dansə] |

| valsa (f) | vals (f) | ['valˀs] |
| tango (m) | tango (f) | ['taŋgo] |

110. Funerais. Enterro

cemitério (m)	kirkegård (f)	['kiɐ̯kəˌgɒˀ]
sepultura (f), túmulo (m)	grav (f)	['gʁɑˀw]
cruz (f)	kors (i)	['kɒ:s]
lápide (f)	gravsten (f)	['gʁɑwˌste'n]
cerca (f)	hegn (i)	['hajˀn]
capela (f)	kapel (i)	[ka'pɛlˀ]

morte (f)	død (f)	['døðˀ]
morrer (vi)	at dø	[ʌ 'døˀ]
defunto (m)	den afdøde	[dən ɑw'dø:ðə]
luto (m)	sorg (f)	['sɒˀw]

enterrar, sepultar (vt)	at begrave	[ʌ be'gʁɑˀvə]
funerária (f)	begravelseskontor (i)	[be'gʁɑˀwəlsəs kɔn'toˀɐ̯]
funeral (m)	begravelse (f)	[be'gʁɑˀwəlsə]

coroa (f) de flores	krans (f)	['kʁanˀs]
caixão (m)	ligkiste (f)	['li:ˌki:stə]
carro (m) funerário	rustvogn (f)	['ʁɔstˌvɒwˀn]
mortalha (f)	ligklæde (i)	['li:ˌklɛ:ðə]

procissão (f) funerária	sørgetog (i)	['sœɐ̯wəˌtɔˀw]
urna (f) funerária	urne (f)	['uɐ̯nə]
crematório (m)	krematorium (i)	[kʁema'toˀɐ̯iɔm]

obituário (m), necrologia (f)	nekrolog (f)	[nekʁo'loˀ]
chorar (vi)	at græde	[ʌ 'gʁɑ:ðə]
soluçar (vi)	at hulke	[ʌ 'hulkə]

111. Guerra. Soldados

pelotão (m)	deling (f)	['de:leŋ]
companhia (f)	kompagni (i)	[kɔmpa'niˀ]
regimento (m)	regiment (i)	[ʁɛgi'mɛnˀt]
exército (m)	hær (f)	['hɛˀɐ̯]
divisão (f)	division (f)	[divi'ɕoˀn]

esquadrão (m)	**trop** (f), **afdeling** (f)	['tʁʌp], ['ɑwˌdeʔleŋ]
hoste (f)	**hær** (f)	['hɛʔɐ̯]

soldado (m)	**soldat** (f)	[sol'dæʔt]
oficial (m)	**officer** (f)	[ʌfi'seʔɐ̯]

soldado (m) raso	**menig** (f)	['meːni]
sargento (m)	**sergent** (f)	[sæɡ'ɕanʔt]
tenente (m)	**løjtnant** (f)	['lʌjtˌnanʔt]
capitão (m)	**kaptajn** (f)	[kɑp'tɑjˀn]
major (m)	**major** (f)	[ma'joʔɐ̯]
coronel (m)	**oberst** (f)	['oʔbʌst]
general (m)	**general** (f)	[genə'ʁɑʔl]

marujo (m)	**sømand** (f)	['søˌmanʔ]
capitão (m)	**kaptajn** (f)	[kɑp'tɑjˀn]
contramestre (m)	**bådsmand** (f)	['bɔðsˌmanʔ]

artilheiro (m)	**artillerist** (f)	[ˌɑːtelʌ'ʁist]
soldado (m) paraquedista	**faldskærmsjæger** (f)	['falˌskæɡʔmsˌjɛːjʌ]
piloto (m)	**flyver** (f)	['flyːvʌ]
navegador (m)	**styrmand** (f)	['styɐ̯ˌmanʔ]
mecânico (m)	**mekaniker** (f)	[me'kæʔnikʌ]

sapador-mineiro (m)	**pioner** (f)	[pio'neʔɐ̯]
paraquedista (m)	**faldskærmsudspringer** (f)	['falˌskæɡʔms 'uðˌspʁɛŋʌ]
explorador (m)	**opklaringssoldat** (f)	['ʌpˌklɑʔeŋs sol'dæʔt]
atirador (m) de tocaia	**snigskytte** (f)	['sniːˌskøtə]
patrulha (f)	**patrulje** (f)	[pa'tʁuljə]
patrulhar (vt)	**at patruljere**	[ʌ patʁul'jeʔʌ]
sentinela (f)	**vagt** (f)	['vɑgt]

guerreiro (m)	**kriger** (f)	['kʁiʔʌ]
patriota (m)	**patriot** (f)	[patʁi'oʔt]
herói (m)	**helt** (f)	['hɛlʔt]
heroína (f)	**heltinde** (f)	[hɛlt'enə]

traidor (m)	**forræder** (f)	[fʌ'ʁaðʔʌ]
trair (vt)	**at forråde**	[ʌ fʌ'ʁɔʔðə]
desertor (m)	**desertør** (f)	[desæɡ'tøʔɐ̯]
desertar (vt)	**at desertere**	[ʌ desæɡ'teʔʌ]

mercenário (m)	**lejesoldat** (f)	['lajə sol'dæʔt]
recruta (m)	**rekrut** (f)	[ʁɛ'kʁut]
voluntário (m)	**frivillig** (f)	['fʁiˌvilʔi]

morto (m)	**dræbt** (f)	['dʁabt]
ferido (m)	**såret** (f)	['sɒːʌð]
prisioneiro (m) de guerra	**fange** (f)	['faŋə]

112. Guerra. Ações militares. Parte 1

guerra (f)	**krig** (f)	['kʁiʔ]
guerrear (vt)	**at være i krig**	[ʌ 'vɛːʌ i kʁiʔ]

guerra (f) civil	borgerkrig (f)	['bɒːwʌˌkʁiʔ]
perfidamente	troløst, forræderisk	['tʁoˌløˀs], [fʌ'ʁað'ʌʁisk]
declaração (f) de guerra	krigserklæring (f)	[ˌkʁis æɐ̯'klɛʔɐ̯eŋ]
declarar guerra	at erklære	[ʌ æɐ̯'klɛʔʌ]
agressão (f)	aggression (f)	[aɡʁɐ'ɕoʔn]
atacar (vt)	at angribe	[ʌ 'anˌɡʁiʔbə]
invadir (vt)	at invadere	[ʌ enva'deʔʌ]
invasor (m)	angriber (f)	['anˌɡʁiʔbʌ]
conquistador (m)	erobrer (f)	[e'ʁoʔbʁʌ]
defesa (f)	forsvar (i)	['fɒːˌsvaʔ]
defender (vt)	at forsvare	[ʌ fʌ'svaʔa]
defender-se (vr)	at forsvare sig	[ʌ fʌ'svaʔa saj]
inimigo (m)	fjende (f)	['fjɛnə]
adversário (m)	modstander (f)	['moðˌstanʔʌ]
inimigo (adj)	fjendtlig	['fjɛntli]
estratégia (f)	strategi (f)	[stʁatə'giʔ]
tática (f)	taktik (f)	[tak'tik]
ordem (f)	ordre (f)	['ɒʔdʁʌ]
comando (m)	ordre (f), kommando (i, f)	['ɒʔdʁʌ], [ko'mando]
ordenar (vt)	at beordre	[ʌ be'ɒʔdʁʌ]
missão (f)	mission (f)	[mi'ɕoʔn]
secreto (adj)	hemmelig	['hɛməli]
batalha (f)	batalje (f)	[ba'taljə]
batalha (f)	slag (i)	['slæʔj]
combate (m)	kamp (f)	['kamʔp]
ataque (m)	angreb (i)	['anˌɡʁɛʔb]
assalto (m)	storm (f)	['stɒʔm]
assaltar (vt)	at storme	[ʌ 'stɒːmə]
assédio, sítio (m)	belejring (f)	[be'lajʔʁeŋ]
ofensiva (f)	offensiv (f), angreb (i)	['ʌfənˌsiwʔ], ['anˌɡʁɛʔb]
tomar à ofensiva	at angribe	[ʌ 'anˌɡʁiʔbə]
retirada (f)	retræte (f)	[ʁɛ'tʁɛːtə]
retirar-se (vr)	at retirere	[ʌ ʁeti'ʁɛʔʌ]
cerco (m)	omringning (f)	['ʌmˌʁɛŋneŋ]
cercar (vt)	at omringe	[ʌ 'ʌmˌʁɛŋʔə]
bombardeio (m)	bombning (f)	['bɒmbneŋ]
lançar uma bomba	at droppe en bombe	[ʌ 'dʁʌpə en 'bɒmbə]
bombardear (vt)	at bombardere	[ʌ bɒmba'deʔʌ]
explosão (f)	eksplosion (f)	[ɛksplo'ɕoʔn]
tiro (m)	skud (i)	['skuð]
dar um tiro	at skyde	[ʌ 'skyːðə]
tiroteio (m)	skydning (f)	['skyðneŋ]
apontar para ...	at sigte på ...	[ʌ 'segtə pɒʔ ...]
apontar (vt)	at rette ind	[ʌ 'ʁatə enʔ]

acertar (vt)	at træffe	[ʌ 'tʁafə]
afundar (~ um navio, etc.)	at sænke	[ʌ 'sɛŋkə]
brecha (f)	hul (i)	['hɔl]
afundar-se (vr)	at synke	[ʌ 'søŋkə]

frente (m)	front (f)	['fʁʌnˀt]
evacuação (f)	evakuering (f)	[evaku'e'ʁeŋ]
evacuar (vt)	at evakuere	[ʌ evaku'e'ʌ]

trincheira (f)	skyttegrav (f)	['skøtəˌgʁɑˀw]
arame (m) enfarpado	pigtråd (f)	['pigˌtʁɔˀð]
barreira (f) anti-tanque	afspærring (f)	['ɑwˌspæg̊ˀeŋ]
torre (f) de vigia	vagttårn (i)	['vɑgtˌtɒˀn]

hospital (m) militar	militærsygehus (i)	[mili'tɛg̊ 'sy:əˌhuˀs]
ferir (vt)	at såre	[ʌ 'sɒ:ɒ]
ferida (f)	sår (i)	['sɒˀ]
ferido (m)	såret (f)	['sɒ:ʌð]
ficar ferido	at blive såret	[ʌ 'bli:ə 'sɒ:ʌð]
grave (ferida ~)	alvorlig	[al'vɒˀli]

113. Guerra. Ações militares. Parte 2

cativeiro (m)	fangenskab (i)	['faŋənˌskæˀb]
capturar (vt)	at tage til fange	[ʌ 'tæˀ tel 'faŋə]
estar em cativeiro	at være i fangenskab	[ʌ 'vɛːʌ i 'faŋənˌskæˀb]
ser aprisionado	at blive taget til fange	[ʌ 'bli:ə 'tæəð tel 'faŋə]

campo (m) de concentração	koncentrationslejr (f)	[kʌnsəntʁɑ'ɕoˀnsˌlaJˀʌ]
prisioneiro (m) de guerra	fange (f)	['faŋə]
escapar (vi)	at flygte	[ʌ 'fløgtə]

trair (vt)	at forråde	[ʌ fʌ'ʁɔˀðə]
traidor (m)	forræder (f)	[fʌ'ʁaðˀʌ]
traição (f)	forræderi (i)	[fʌʁaðʌ'ʁiˀ]

fuzilar, executar (vt)	at henrette ved skydning	[ʌ 'hɛnˌʁatə ve 'skyðneŋ]
fuzilamento (m)	skydning (f)	['skyðneŋ]

equipamento (m)	mundering (f)	[mɔn'deˀg̊eŋ]
insígnia (f) de ombro	skulderstrop (f)	['skulʌˌstʁʌp]
máscara (f) de gás	gasmaske (f)	['gasˌmaskə]

rádio (m)	feltradio (f)	['fɛlˀtˌʁɑˀdjo]
cifra (f), código (m)	chiffer (i)	['ɕifʌ]
conspiração (f)	hemmelgholdelse (f)	['hɛmməliˌhʌlˀəlsə]
senha (f)	adgangskode (f)	['aðgɑŋsˌko:ðə]

mina (f)	mine (f)	['mi:nə]
minar (vt)	at minere	[ʌ mi'neˀʌ]
campo (m) minado	minefelt (i)	['mi:nəˌfɛlˀt]

alarme (m) aéreo	luftalarm (f)	['lɔft a'lɑˀm]
alarme (m)	alarm (f)	[a'lɑˀm]

sinal (m)	signal (i)	[si'næ'l]
sinalizador (m)	signalraket (f)	[si'næl ʁɑ'kɛt]

quartel-general (m)	stab (f)	['stæ'b]
reconhecimento (m)	opklaring (f)	['ʌp‚klɑ'eŋ]
situação (f)	situation (f)	[sitwa'ɕo'n]
relatório (m)	rapport (f)	[ʁɑ'pɒ:t]
emboscada (f)	baghold (i)	['bɑw‚hʌl']
reforço (m)	forstærkning (f)	[fʌ'stæɡknen]

alvo (m)	mål (i)	['mɔ'l]
campo (m) de tiro	skydebane (f)	['sky:ðə‚bæ:nə]
manobras (f pl)	manøvrer (f pl)	[ma'nøwʁʌ]

pânico (m)	panik (f)	[pa'nik]
devastação (f)	ødelæggelse (f)	['ø:ðə‚lɛgəlsə]
ruínas (f pl)	ruiner (f pl)	[ʁu'i'nʌ]
destruir (vt)	at ødelægge	[ʌ 'ø:ðə‚lɛgə]

sobreviver (vi)	at overleve	[ʌ 'ɒwʌ‚le'və]
desarmar (vt)	at afvæbne	[ʌ 'ɑw‚vɛ'bnə]
manusear (vt)	at håndtere	[ʌ hʌn'te'ʌ]

Sentido!	Ret!	['ʁat]
Descansar!	Rør!	['ʁœ'ɐ̯]

façanha (f)	bedrift (f)	[be'dʁɛft]
juramento (m)	ed (f)	['eð']
jurar (vi)	at sværge	[ʌ 'svæɡwə]

condecoração (f)	belønning (f)	[be'lœn'eŋ]
condecorar (vt)	at belønne	[ʌ be'lœn'ə]
medalha (f)	medalje (f)	[me'daljə]
ordem (f)	orden (f)	['ɒ'dən]

vitória (f)	sejr (f)	['sɑj'ʌ]
derrota (f)	nederlag (i)	['neðʌ‚læ'j]
armistício (m)	våbenhvile (f)	['vɔ'bən‚vi:lə]

bandeira (f)	fane (f)	['fæ:nə]
glória (f)	berømmelse (f)	[be'ʁœm'əlsə]
parada (f)	parade (f)	[pa'ʁɑ:ðə]
marchar (vi)	at marchere	[ʌ ma'ɕe'ʌ]

114. Armas

arma (f)	våben (i)	['vɔ'bən]
arma (f) de fogo	skydevåben (i)	['sky:ðə‚vɔ'bən]
arma (f) branca	blankvåben (i)	['blɑŋkə‚vɔ'bən]

arma (f) química	kemisk våben (i)	['ke'misk ‚vɔ'bən]
nuclear (adj)	kerne-, atom-	['kæɡnə-], [a'tom-]
arma (f) nuclear	kernevåben (i)	['kæɡnə‚vɔ'bən]
bomba (f)	bombe (f)	['bɔmbə]

bomba (f) atômica	atombombe (f)	[a'to'm,bɔmbə]
pistola (f)	pistol (f)	[pi'sto'l]
rifle (m)	gevær (i)	[ge've'ɐ̯]
semi-automática (f)	maskinpistol (f)	[ma'ski:n pi'sto'l]
metralhadora (f)	maskingevær (i)	[ma'ski:n ge've'ɐ̯]

boca (f)	munding (f)	['monen]
cano (m)	løb (i)	['lø'b]
calibre (m)	kaliber (i, f)	[ka'li'bʌ]

gatilho (m)	aftrækker (f)	['aw,tʁakʌ]
mira (f)	sigte (i)	['segtə]
carregador (m)	magasin (i)	[maga'si'n]
coronha (f)	kolbe (f)	['kʌlbə]

| granada (f) de mão | håndgranat (f) | ['hʌn gʁa'næ't] |
| explosivo (m) | sprængstof (i) | ['spʁaŋ,stʌf] |

bala (f)	kugle (f)	['ku:lə]
cartucho (m)	patron (f)	[pa'tʁo'n]
carga (f)	ladning (f)	['laðnen]
munições (f pl)	ammunition (f)	[amuni'ɕo'n]

bombardeiro (m)	bombefly (i)	['bɔmbə,fly']
avião (m) de caça	jagerfly (i)	['jɛ:jə,fly']
helicóptero (m)	helikopter (f)	[hɛli'kʌptʌ]

canhão (m) antiaéreo	luftværnskanon (f)	['lɔftvæɐ̯ns ka'no'n]
tanque (m)	kampvogn (f)	['kamp,vɒ'wn]
canhão (de um tanque)	kanon (f)	[ka'no'n]

artilharia (f)	artilleri (i)	[,ɑ:telʌ'ʁi']
canhão (m)	kanon (f)	[ka'no'n]
fazer a pontaria	at rette ind	[ʌ 'ʁatə en']

projétil (m)	projektil (i)	[pʁoɕɛk'ti'l]
granada (f) de morteiro	mortergranat (f)	[mɒ'teɐ̯ gʁa'næ't]
morteiro (m)	morter (f)	[mɒ'te'ɐ̯]
estilhaço (m)	splint (f)	['splen't]

submarino (m)	u-båd (f)	['u',bɒð]
torpedo (m)	torpedo (f)	[tɒ'pe:do]
míssil (m)	missil (i)	[mi'si'l]

carregar (uma arma)	at lade	[ʌ 'læ:ðə]
disparar, atirar (vi)	at skyde	[ʌ 'sky:ðə]
apontar para ...	at sigte på ...	[ʌ 'segtə pɔ' ...]
baioneta (f)	bajonet (f)	[bajo'nɛt]

espada (f)	kårde (f)	['kɒ'ʌ]
sabre (m)	sabel (f)	['sæ'bəl]
lança (f)	spyd (i)	['spyð]
arco (m)	bue (f)	['bu:ə]
flecha (f)	pil (f)	['pi'l]
mosquete (m)	musket (f)	[mu'skɛt]
besta (f)	armbrøst (f)	['ɑ'm,bʁœst]

115. Povos da antiguidade

primitivo (adj)	fortids-	['fɒːtiðs-]
pré-histórico (adj)	forhistorisk	['fɒːhi'sto'ɡisk]
antigo (adj)	oldtids-, antik	['ʌlˌtiðs-], [an'tik]
Idade (f) da Pedra	Stenalderen	['steːnˌalˀʌən]
Idade (f) do Bronze	Bronzealder (f)	['bʁʌŋsəˌalˀʌ]
Era (f) do Gelo	istid (f), glacialtid (f)	['isˌtiðˀ], [gla'ɕælˌtiðˀ]
tribo (f)	stamme (f)	['stɑmə]
canibal (m)	kannibal (f)	[kani'bæˀl]
caçador (m)	jæger (f)	['jɛːjʌ]
caçar (vi)	at jage	[ʌ 'jæːjə]
mamute (m)	mammut (f)	['mɑmut]
caverna (f)	grotte (f)	['gʁʌtə]
fogo (m)	ild (f)	['ilˀ]
fogueira (f)	bål (i)	['bɔˀl]
pintura (f) rupestre	helleristning (f)	['hɛləˌʁɛstnen]
ferramenta (f)	redskab (i)	['ʁɛðˌskæˀb]
lança (f)	spyd (i)	['spyð]
machado (m) de pedra	stenøkse (f)	['steːnˌøksə]
guerrear (vt)	at være i krig	[ʌ 'vɛːʌ i kʁiˀ]
domesticar (vt)	at tæmme	[ʌ 'tɛmə]
ídolo (m)	idol (i)	[i'doˀl]
adorar, venerar (vt)	at dyrke	[ʌ 'dyɡkə]
superstição (f)	overtro (f)	['ɒwʌˌtʁoˀ]
ritual (m)	ritus (f), rite (f)	['ʁitus], ['ʁitə]
evolução (f)	evolution (f)	[evolu'ɕoˀn]
desenvolvimento (m)	udvikling (f)	['uðˌveklen]
extinção (f)	forsvinden (f)	[fʌ'svenən]
adaptar-se (vr)	at tilpasse sig	[ʌ 'telˌpasə saj]
arqueologia (f)	arkæologi (f)	[ˌɑːkɛolo'giˀ]
arqueólogo (m)	arkæolog (f)	[ˌɑːkɛo'loˀ]
arqueológico (adj)	arkæologisk	[ˌɑːkɛo'loˀisk]
escavação (sítio)	udgravningssted (i)	['uðˌgʁɑwˀneŋs ˌstɛð]
escavações (f pl)	udgravninger (f pl)	['uðˌgʁɑwˀneŋʌ]
achado (m)	fund (i)	['fɔnˀ]
fragmento (m)	fragment (i)	[fʁag'mɛnˀt]

116. Idade média

povo (m)	folk (i)	['fʌlˀk]
povos (m pl)	folk (i pl)	['fʌlˀk]
tribo (f)	stamme (f)	['stamə]
tribos (f pl)	stammer (f pl)	['stamʌ]
bárbaros (pl)	barbarer (pl)	[ba'baˀʌ]

galeses (pl)	gallere (pl)	['galɒˀʌ]
godos (pl)	gotere (pl)	['goˀtɒˀʌ]
eslavos (pl)	slaver (pl)	['slæˀvʌ]
viquingues (pl)	vikinger (pl)	['vikeŋʌ]

| romanos (pl) | romere (pl) | ['ʁo:meˀʌ] |
| romano (adj) | romersk | ['ʁoˀmʌsk] |

bizantinos (pl)	byzantinere (pl)	[bysan'tiˀneʌ]
Bizâncio	Byzans	[by'sans]
bizantino (adj)	byzantinsk	[bysan'tiˀnsk]

imperador (m)	kejser (f)	['kajsʌ]
líder (m)	høvding (f)	['hœwdeŋ]
poderoso (adj)	mægtig, magtfuld	['mɛgti], ['magt,fulˀ]
rei (m)	konge (f)	['kʌŋə]
governante (m)	hersker (f)	['hæɐ̯skʌ]

cavaleiro (m)	ridder (f)	['ʁiðˀʌ]
senhor feudal (m)	feudalherre (f)	[fœw'dæl,hæˀʌ]
feudal (adj)	feudal	[fœw'dæˀl]
vassalo (m)	vasal (f)	[va'salˀ]

duque (m)	hertug (f)	['hæɐ̯tu]
conde (m)	greve (f)	['gʁɛ:və]
barão (m)	baron (f)	[ba'ʁoˀn]
bispo (m)	biskop (f)	['biskʌp]

armadura (f)	rustning (f)	['ʁɔstneŋ]
escudo (m)	skjold (i, f)	['skjʌlˀ]
espada (f)	sværd (i)	['svɛˀɐ̯]
viseira (f)	visir (i)	[vi'siɐ̯ˀ]
cota (f) de malha	ringbrynje (f)	['ʁɛŋ,bʁynjə]

| cruzada (f) | korstog (i) | ['kɒ:s,tɒˀw] |
| cruzado (m) | korsfarer (f) | ['kɒ:s,fa:ɑ] |

território (m)	territorium (i)	[tæɐ̯i'tɒɐ̯ˀjɔm]
atacar (vt)	at angribe	[ʌ 'an,gʁiˀbə]
conquistar (vt)	at erobre	[ʌ e'ʁoˀbʁʌ]
ocupar, invadir (vt)	at okkupere	[ʌ oku'peˀʌ]

assédio, sítio (m)	belejring (f)	[be'lajˀʁeŋ]
sitiado (adj)	belejret	[be'lajˀʁʌð]
assediar, sitiar (vt)	at belejre	[ʌ be'lajˀʁʌ]

inquisição (f)	inkvisition (f)	[enkvisi'ɕoˀn]
inquisidor (m)	inkvisitor (f)	[enkvi'sitʌ]
tortura (f)	tortur (f)	[tɒ'tuɐ̯ˀ]
cruel (adj)	brutal	[bʁu'tæˀl]
herege (m)	kætter (f)	['kɛtʌ]
heresia (f)	kætteri (i)	[kɛtʌ'ʁiˀ]

navegação (f) marítima	søfart (f)	['sø,faˀt]
pirata (m)	pirat, sørøver (f)	[pi'ʁaˀt], ['sø,ʁœ:vʌ]
pirataria (f)	sørøveri (i)	['sø ʁœwʌ'ʁiˀ]

abordagem (f)	entring (f)	['ɑŋtʁɛŋ]
presa (f), butim (m)	bytte (i), fangst (f)	['bytə], ['faŋʔst]
tesouros (m pl)	skatte (f pl)	['skatə]

descobrimento (m)	opdagelse (f)	['ʌpˌdæʔjəlsə]
descobrir (novas terras)	at opdage	[ʌ 'ʌpˌdæʔjə]
expedição (f)	ekspedition (f)	[ɛkspediˈɕoʔn]

mosqueteiro (m)	musketer (f)	[muskəˈteʔɐ̯]
cardeal (m)	kardinal (f)	[kɑdiˈnæʔl]
heráldica (f)	heraldik (f)	[hɛɑlˈdik]
heráldico (adj)	heraldisk	[heˈʁaldisk]

117. Líder. Chefe. Autoridades

rei (m)	konge (f)	['kʌŋə]
rainha (f)	dronning (f)	['dʁʌnen]
real (adj)	kongelig	['kʌŋəli]
reino (m)	kongerige (i)	['kʌŋəˌʁiːə]

príncipe (m)	prins (f)	['pʁɛnʔs]
princesa (f)	prinsesse (f)	[pʁɛnˈsɛsə]

presidente (m)	præsident (f)	[pʁɛsiˈdɛnʔt]
vice-presidente (m)	vicepræsident (f)	['viːsə pʁɛsiˈdɛnʔt]
senador (m)	senator (f)	[seˈnæːtʌ]

monarca (m)	monark (f)	[moˈnɑːk]
governante (m)	hersker (f)	['hæɐ̯skʌ]
ditador (m)	diktator (f)	[dikˈtæːtʌ]
tirano (m)	tyran (f)	[tyˈʁanʔ]
magnata (m)	magnat (f)	[mɑwˈnæʔt]

diretor (m)	direktør (f)	[diɐ̯əkˈtøʔɐ̯]
chefe (m)	chef (f)	['ɕɛʔf]
gerente (m)	forretningsfører (f)	[fʌˈʁatneŋsˌføːʌ]
patrão (m)	boss (f)	['bʌs]
dono (m)	ejer (f)	['ajʌ]

líder (m)	leder (f)	['leːðʌ]
chefe (m)	leder (f)	['leːðʌ]
autoridades (f pl)	myndigheder (f pl)	['møndiˌheðʔʌ]
superiores (m pl)	overordnede (pl)	['ɒwʌˌɒ'dnəðə]

governador (m)	guvernør (f)	[guvʌˈnøʔɐ̯]
cônsul (m)	konsul (f)	['kʌnˌsuʔl]
diplomata (m)	diplomat (f)	[diploˈmæʔt]
Presidente (m) da Câmara	borgmester (f)	[bɒwˈmɛstʌ]
xerife (m)	sherif (f)	[ɕeˈʁif]

imperador (m)	kejser (f)	['kajsʌ]
czar (m)	tsar (f)	['sɑʔ]
faraó (m)	farao (f)	['faːʁao]
cã, khan (m)	khan (f)	['kæʔn]

118. Violação da lei. Criminosos. Parte 1

bandido (m)	bandit (f)	[ban'dit]
crime (m)	forbrydelse (f)	[fʌ'bʁyð'əlsə]
criminoso (m)	forbryder (f)	[fʌ'bʁyð'ʌ]
ladrão (m)	tyv (f)	['tyw']
roubar (vt)	at stjæle	[ʌ 'stjɛ:lə]
furto, roubo (m)	tyveri (i)	[tywʌ'ʁi']
raptar, sequestrar (vt)	at kidnappe	[ʌ 'kid,nɑpə]
sequestro (m)	kidnapning (f)	['kid,nɑpneŋ]
sequestrador (m)	kidnapper (f)	['kid,nɑpʌ]
resgate (m)	løsepenge (pl)	['lø:sə,pɛŋə]
pedir resgate	at kræve løsepenge	[ʌ 'kʁɛ:və 'lø:sə,pɛŋə]
roubar (vt)	at røve	[ʌ 'ʁœ:və]
assalto, roubo (m)	røveri (i)	[ʁœwʌ'ʁi']
assaltante (m)	røver (f)	['ʁœ:vʌ]
extorquir (vt)	at afpresse	[ʌ 'aw,pʁasə]
extorsionário (m)	afpresser (f)	['aw,pʁasʌ]
extorsão (f)	afpresning (f)	['aw,pʁasneŋ]
matar, assassinar (vt)	at myrde	[ʌ 'myg̊də]
homicídio (m)	mord (i)	['mo'g̊]
homicida, assassino (m)	morder (f)	['mog̊dʌ]
tiro (m)	skud (i)	['skuð]
dar um tiro	at skyde	[ʌ 'sky:ðə]
matar a tiro	at skyde ned	[ʌ 'sky:ðə 'neð']
disparar, atirar (vi)	at skyde	[ʌ 'sky:ðə]
tiroteio (m)	skydning (f)	['skyðneŋ]
incidente (m)	hændelse (f)	['hɛnəlsə]
briga (~ de rua)	slagsmål (i)	['slaws,mɔ'l]
Socorro!	Hjælp!	['jɛl'p]
vítima (f)	offer (i)	['ʌfʌ]
danificar (vt)	at skade	[ʌ 'skæ:ðə]
dano (m)	skade (f)	['skæ:ðə]
cadáver (m)	lig (i)	['li']
grave (adj)	alvorlig	[al'vɒ'li]
atacar (vt)	at anfalde	[ʌ 'ɒwʌ,fal'ə]
bater (espancar)	at slå	[ʌ 'slɔ']
espancar (vt)	at tæske, at prygle	[ʌ 'tɛskə], [ʌ 'pʁy:lə]
tirar, roubar (dinheiro)	at berøve	[ʌ be'ʁœ'və]
esfaquear (vt)	at stikke ihjel	[ʌ 'steka i'jɛl]
mutilar (vt)	at lemlæste	[ʌ 'lɛm,lɛstə]
ferir (vt)	at såre	[ʌ 'sɒ:ɒ]
chantagem (f)	afpresning (f)	['aw,pʁasneŋ]
chantagear (vt)	at afpresse	[ʌ 'aw,pʁasə]

chantagista (m)	afpresser (f)	['aw‚pʁasʌ]
extorsão (f)	afpresning (f)	['aw‚pʁasnen]
extorsionário (m)	afpresser (f)	['aw‚pʁasʌ]
gângster (m)	gangster (f)	['gæ:ŋstʌ]
máfia (f)	mafia (f)	['mafja]

punguista (m)	lommetyv (f)	['lʌmə‚tyw']
assaltante, ladrão (m)	indbrudstyv (f)	['enbʁuðs‚tyw']
contrabando (m)	smugleri (i)	[‚smu:lʌ'ʁi']
contrabandista (m)	smugler (f)	['smu:lʌ]

falsificação (f)	forfalskning (f)	[fʌ'fal'sknen]
falsificar (vt)	at forfalske	[ʌ fʌ'fal'skə]
falsificado (adj)	falsk	['fal'sk]

119. Violação da lei. Criminosos. Parte 2

estupro (m)	voldtægt (f)	['vʌl‚tɛgt]
estuprar (vt)	at voldtage	[ʌ 'vʌl‚tæ']
estuprador (m)	voldtægtsforbryder (f)	['vʌl‚tɛgts fʌ'bʁyð'ʌ]
maníaco (m)	maniker (f)	['manikʌ]

prostituta (f)	prostitueret (f)	[pʁostitu'e'ʌð]
prostituição (f)	prostitution (f)	[pʁostitu'ɕo'n]
cafetão (m)	alfons (f)	[al'fʌŋs]

| drogado (m) | narkoman (f) | [nako'mæ'n] |
| traficante (m) | narkohandler (f) | ['na:ko‚hanlʌ] |

explodir (vt)	at sprænge	[ʌ 'spʁaŋə]
explosão (f)	eksplosion (f)	[ɛksplo'ɕo'n]
incendiar (vt)	at sætte ild	[ʌ 'sɛtə il']
incendiário (m)	brandstifter (f)	['bʁan‚steftʌ]

terrorismo (m)	terrorisme (f)	[tæɐ̯ɒ'ʁismə]
terrorista (m)	terrorist (f)	[tæɐ̯ɒ'ʁist]
refém (m)	gidsel (i)	['gisəl]

enganar (vt)	at bedrage	[ʌ be'dʁa'wə]
engano (m)	bedrag (i)	[be'dʁa'w]
vigarista (m)	bedrager (f)	[be'dʁa'wʌ]

subornar (vt)	at bestikke	[ʌ be'stekə]
suborno (atividade)	bestikkelse (f)	[be'stekəlsə]
suborno (dinheiro)	bestikkelse (f)	[be'stekəlsə]

veneno (m)	gift (f)	['gift]
envenenar (vt)	at forgifte	[ʌ fʌ'giftə]
envenenar-se (vr)	at forgifte sig selv	[ʌ fʌ'giftə saj 'sɛl'v]

suicídio (m)	selvmord (i)	['sɛl‚mo'ɐ̯]
suicida (m)	selvmorder (f)	['sɛl‚moɐ̯dʌ]
ameaçar (vt)	at true	[ʌ 'tʁu:ə]
ameaça (f)	trussel (f)	['tʁusəl]

atentar contra a vida de ...	**at begå mordforsøg**	[ʌ beˈgɔˀ ˈmoɐ̯fʌˌsøˀj]
atentado (m)	**mordforsøg** (i)	[ˈmoɐ̯fʌˌsøˀj]

roubar (um carro)	**at stjæle**	[ʌ ˈstjɛːlə]
sequestrar (um avião)	**at kapre**	[ʌ ˈkæːpʁʌ]

vingança (f)	**hævn** (f)	[ˈhɛwˀn]
vingar (vt)	**at hævne**	[ʌ ˈhɛwnə]

torturar (vt)	**at torturere**	[ʌ tɒtuˈʁɛˀʌ]
tortura (f)	**tortur** (f)	[tɒˈtuɐ̯ˀ]
atormentar (vt)	**at plage**	[ʌ ˈplæːjə]

pirata (m)	**pirat, sørøver** (f)	[piˈʁɑˀt], [ˈsøˌʁœːvʌ]
desordeiro (m)	**bølle** (f)	[ˈbølə]
armado (adj)	**bevæbnet**	[beˈvɛˀbnəð]
violência (f)	**vold** (f)	[ˈvʌlˀ]
ilegal (adj)	**illegal, ulovlig**	[ˈiləˌgæˀl], [uˈlɒwˀli]

espionagem (f)	**spionage** (f)	[spioˈnæːɕə]
espionar (vi)	**at spionere**	[ʌ spioˈneˀʌ]

120. Polícia. Lei. Parte 1

justiça (sistema de ~)	**justits, retspleje** (f)	[juˈstits], [ˈʁadsˌplɑjə]
tribunal (m)	**retssal** (f)	[ˈʁatˌsæˀl]

juiz (m)	**dommer** (f)	[ˈdʌmʌ]
jurados (m pl)	**nævninger** (pl)	[ˈnɛwneŋʌ]
tribunal (m) do júri	**nævningeting** (i)	[ˈnɛwneŋəteŋˀ]
julgar (vt)	**at dømme**	[ʌ ˈdœmə]

advogado (m)	**advokat** (f)	[aðvoˈkæˀt]
réu (m)	**anklagede** (f)	[ˈanˌklæˀjəðə]
banco (m) dos réus	**anklagebænk** (f)	[ˈanˌklæjəˌbɛŋˀk]

acusação (f)	**anklage** (f)	[ˈanˌklæˀjə]
acusado (m)	**den anklagede**	[dən ˈanˌklæˀjədə]

sentença (f)	**dom** (f)	[ˈdʌmˀ]
sentenciar (vt)	**at dømme**	[ʌ ˈdœmə]

culpado (m)	**skyldige** (f)	[ˈskyldiə]
punir (vt)	**at straffe**	[ʌ ˈstʁɑfə]
punição (f)	**straf** (f), **afstraffelse** (f)	[ˈstʁɑf], [ˈɑwˌstʁɑfəlsə]

multa (f)	**bøde** (f)	[ˈbøːðə]
prisão (f) perpétua	**livsvarigt fængsel** (i)	[ˈliwsˌvɑˀigt ˈfɛŋˀsəl]
pena (f) de morte	**dødsstraf** (f)	[ˈdøðsˌstʁɑf]
cadeira (f) elétrica	**elektrisk stol** (f)	[əˈlɛktʁisk ˈstoˀl]
forca (f)	**galge** (f)	[ˈgaljə]

executar (vt)	**at henrette**	[ʌ ˈhɛnˌʁatə]
execução (f)	**henrettelse** (f)	[ˈhɛnˌʁatəlsə]

| prisão (f) | fængsel (i) | ['fɛŋ'səl] |
| cela (f) de prisão | celle (f) | ['sɛlə] |

escolta (f)	eskorte (f), konvoj (f)	[ɛs'kɒ:tə], [kʌn'vʌj']
guarda (m) prisional	fangevogter (f)	['faŋə‚vʌgtʌ]
preso, prisioneiro (m)	fange (f)	['faŋə]

| algemas (f pl) | håndjern (i pl) | ['hʌn‚jæɡ'n] |
| algemar (vt) | at sætte håndjern | [ʌ 'sɛtə 'hʌn‚jæɡ'n] |

fuga, evasão (f)	flugt (f)	['flɔgt]
fugir (vi)	at flygte	[ʌ 'fløgtə]
desaparecer (vi)	at forsvinde	[ʌ fʌ'sven'ə]
soltar, libertar (vt)	at løslade	[ʌ 'løs‚læ:ðə]
anistia (f)	amnesti (i, f)	[amnə'sti']

polícia (instituição)	politi (i)	[poli'ti']
polícia (m)	politibetjent (f)	[poli'ti be'tjɛn't]
delegacia (f) de polícia	politistation (f)	[poli'ti sta'ɕo'n]
cassetete (m)	gummiknippel (f)	['gomi‚knepəl]
megafone (m)	megafon (f)	[mega'fo'n]

carro (m) de patrulha	patruljebil (f)	[pa'tʁuljə‚bi'l]
sirene (f)	sirene (f)	[si'ʁɛ:nə]
ligar a sirene	at tænde for sirenen	[ʌ 'tɛnə fʌ si'ʁɛ:nən]
toque (m) da sirene	sirene hyl (i)	[si'ʁɛ:nə 'hy'l]

cena (f) do crime	åsted, gerningssted (i)	['ɔ'‚stɛð], ['gæɡneŋs‚stɛð]
testemunha (f)	vidne (i)	['viðnə]
liberdade (f)	frihed (f)	['fʁi‚heð']
cúmplice (m)	medskyldig (f)	['mɛð‚skyldi]
escapar (vi)	at flygte	[ʌ 'fløgtə]
traço (não deixar ~s)	spor (i)	['spo'ɡ]

121. Polícia. Lei. Parte 2

procura (f)	eftersøgning (f)	['ɛftʌ‚søjneŋ]
procurar (vt)	at eftersøge …	[ʌ 'ɛftʌ‚sø'jə …]
suspeita (f)	mistanke (f)	['mis‚taŋkə]
suspeito (adj)	mistænkelig	[mis'tɛŋ'kəli]
parar (veículo, etc.)	at standse	[ʌ 'stansə]
deter (fazer parar)	at anholde	[ʌ 'an‚hʌl'ə]

caso (~ criminal)	sag (f)	['sæ'j]
investigação (f)	efterforskning (f)	['ɛftʌ‚fɒ:skneŋ]
detetive (m)	detektiv, opdager (f)	[detek'tiw'], ['ʌp‚dæ'jʌ]
investigador (m)	efterforsker (f)	['ɛftʌ‚fɒ:skʌ]
versão (f)	version (f)	[væɡ'ɕo'n]

motivo (m)	motiv (i)	[mo'tiw']
interrogatório (m)	forhør (i)	[fʌ'hø'ɡ]
interrogar (vt)	at forhøre	[ʌ fʌ'hø'ʌ]
questionar (vt)	at afhøre	[ʌ 'aw‚hø'ʌ]
verificação (f)	kontrol (f)	[kɔn'tʁʌl']

batida (f) policial	razzia (f)	['ʁadɕa]
busca (f)	ransagning (f)	['ʁanˌsæjˀneŋ]
perseguição (f)	jagt (f)	['jɑgt]
perseguir (vt)	at forfølge	[ʌ fʌ'følˀjə]
seguir, rastrear (vt)	at spore	[ʌ 'spoːʌ]

prisão (f)	arrestation (f)	[ɑɑsta'ɕoˀn]
prender (vt)	at arrestere	[ʌ ɑɑ'steˀʌ]
pegar, capturar (vt)	at fange	[ʌ 'faŋə]
captura (f)	pågribelse (f)	['pʌˌgʁiˀbəlsə]

documento (m)	dokument (i)	[doku'mɛnˀt]
prova (f)	bevis (i)	[be'viˀs]
provar (vt)	at bevise	[ʌ be'viˀsə]
pegada (f)	fodspor (i)	['foðˌspoˀɐ̯]
impressões (f pl) digitais	fingeraftryk (i pl)	['feŋˀʌˌawtʁœk]
prova (f)	bevis (i)	[be'viˀs]

álibi (m)	alibi (i)	[ali'biˀ]
inocente (adj)	uskyldig	[u'skylˀdi]
injustiça (f)	uretfærdighed (f)	[uʁat'fæɐ̯ˀdiˌheðˀ]
injusto (adj)	uretfærdig	[uʁat'fæɐ̯ˀdi]

criminal (adj)	kriminel	[kʁimi'nɛlˀ]
confiscar (vt)	at konfiskere	[ʌ kʌnfi'skeˀʌ]
droga (f)	narkotikum (i)	[nɑ'koˀtikɔm]
arma (f)	våben (i)	['vɔˀbən]
desarmar (vt)	at afvæbne	[ʌ 'awˌvɛˀbnə]
ordenar (vt)	at befale	[ʌ be'fæˀlə]
desaparecer (vi)	at forsvinde	[ʌ fʌ'svenˀə]

lei (f)	lov (f)	['lɒw]
legal (adj)	lovlig	['lɒwli]
ilegal (adj)	ulovlig	[u'lɒwˀli]

| responsabilidade (f) | ansvar (i) | ['anˌsvɑˀ] |
| responsável (adj) | ansvarlig | [an'svɑˀli] |

NATUREZA

A Terra. Parte 1

122. Espaço sideral

espaço, cosmo (m)	rummet, kosmos (i)	['ʁɔmet], ['kʌsmʌs]
espacial, cósmico (adj)	rum-	['ʁɔm-]
espaço (m) cósmico	ydre rum (i)	['yðʁʌ ʁɔm⁷]
mundo (m)	verden (f)	['væɡdən]
universo (m)	univers (i)	[uni'væɡs]
galáxia (f)	galakse (f)	[ga'lɑksə]
estrela (f)	stjerne (f)	['stjæɡnə]
constelação (f)	stjernebillede (i)	['stjæɡnəˌbeləðə]
planeta (m)	planet (f)	[pla'ne⁷t]
satélite (m)	satellit (f)	[satə'lit]
meteorito (m)	meteorit (f)	[meteo'ʁit]
cometa (m)	komet (f)	[ko'me⁷t]
asteroide (m)	asteroide (f)	[astəʁo'i:ðə]
órbita (f)	bane (f)	['bæ:nə]
girar (vi)	at rotere	[ʌ ʁo'te⁷ʌ]
atmosfera (f)	atmosfære (f)	[atmo'sfɛ:ʌ]
Sol (m)	Solen	['so:lən]
Sistema (m) Solar	solsystem (i)	['so:l sy'ste⁷m]
eclipse (m) solar	solformørkelse (f)	['so:l fʌ'mœɡkəlsə]
Terra (f)	Jorden	['jo⁷ɡən]
Lua (f)	Månen	['mɔ:nən]
Marte (m)	Mars	['mɑ⁷s]
Vênus (f)	Venus	['ve:nus]
Júpiter (m)	Jupiter	['jupitʌ]
Saturno (m)	Saturn	['sæˌtuɡn]
Mercúrio (m)	Merkur	[mæɡ'kuɡ⁷]
Urano (m)	Uranus	[u'ʁanus]
Netuno (m)	Neptun	[nɛp'tu⁷n]
Plutão (m)	Pluto	['pluto]
Via Láctea (f)	Mælkevejen	['mɛlkəˌvɑjən]
Ursa Maior (f)	Store Bjørn	['stoɡ ˌbjœɡ⁷n]
Estrela Polar (f)	Polarstjernen	[po'lɑˌstjæɡnən]
marciano (m)	marsboer (f)	['mɑ⁷sˌbo⁷ʌ]
extraterrestre (m)	ikkejordisk væsen (i)	[ˌekə'joɡdisk ˌvɛ⁷sən]

alienígena (m)	rumvæsen (i)	['ʁɔmˌvɛˀsən]
disco (m) voador	flyvende tallerken (f)	['fly:vənə ta'læɐ̯kən]
espaçonave (f)	rumskib (i)	['ʁɔmˌskiˀb]
estação (f) orbital	rumstation (f)	['ʁɔm sta'ɕoˀn]
lançamento (m)	start (f)	['staˀt]
motor (m)	motor (f)	['mo:tʌ]
bocal (m)	dyse (f)	['dysə]
combustível (m)	brændsel (i)	['bʁanˀsəl]
cabine (f)	cockpit (i)	['kʌkˌpit]
antena (f)	antenne (f)	[an'tɛnə]
vigia (f)	koøje (i)	['koˌʌjə]
bateria (f) solar	solbatteri (i)	['so:lbatʌ'ʁiˀ]
traje (m) espacial	rumdragt (f)	['ʁɔmˌdʁagt]
imponderabilidade (f)	vægtløshed (f)	['vɛgtløːsˌheðˀ]
oxigênio (m)	ilt (f), oxygen (i)	['ilˀt], [ʌgsy'geˀn]
acoplagem (f)	dokning (f)	['dʌknen]
fazer uma acoplagem	at dokke	[ʌ 'dʌkə]
observatório (m)	observatorium (i)	[ʌbsæɐ̯va'toɐ̯jɔm]
telescópio (m)	teleskop (i)	[telə'sko:p]
observar (vt)	at observere	[ʌ ʌbsæɐ̯'ve:ʌ]
explorar (vt)	at udforske	[ʌ 'uðˌfɒ:skə]

123. A Terra

Terra (f)	Jorden	['joˀɐ̯ən]
globo terrestre (Terra)	jordklode (f)	['joɐ̯ˌklo:ðə]
planeta (m)	planet (f)	[pla'neˀt]
atmosfera (f)	atmosfære (f)	[atmo'sfɛ:ʌ]
geografia (f)	geografi (f)	[geogʁa'fiˀ]
natureza (f)	natur (f)	[na'tuɐ̯ˀ]
globo (mapa esférico)	globus (f)	['glo:bus]
mapa (m)	kort (i)	['kɒ:t]
atlas (m)	atlas (i)	['atlas]
Europa (f)	Europa	[œw'ʁo:pa]
Ásia (f)	Asien	['æˀɕən]
África (f)	Afrika	['afʁika]
Austrália (f)	Australien	[aw'stʁaˀljən]
América (f)	Amerika	[a'meʁika]
América (f) do Norte	Nordamerika	['noɐ̯ a'meʁika]
América (f) do Sul	Sydamerika	['syð a'meʁika]
Antártida (f)	Antarktis	[an'taˀktis]
Ártico (m)	Arktis	['aˀktis]

124. Pontos cardeais

norte (m)	nord (i)	['noˀg̊]
para norte	mod nord	[moð 'noˀg̊]
no norte	i nord	[i 'noˀg̊]
do norte (adj)	nordlig	['nog̊li]
sul (m)	syd (f)	['syð]
para sul	mod syd	[moð 'syð]
no sul	i syd	[i 'syð]
do sul (adj)	sydlig	['syðli]
oeste, ocidente (m)	vest (f)	['vɛst]
para oeste	mod vest	[moð 'vɛst]
no oeste	i vest	[i 'vɛst]
ocidental (adj)	vestlig	['vɛstli]
leste, oriente (m)	øst (f)	['øst]
para leste	mod øst	[moð 'øst]
no leste	i øst	[i 'øst]
oriental (adj)	østlig	['østli]

125. Mar. Oceano

mar (m)	hav (i)	['hɑw]
oceano (m)	ocean (i)	[osə'æˀn]
golfo (m)	bugt (f)	['bɔgt]
estreito (m)	stræde (i), sund (i)	['stʁɛːðə], ['sɔnˀ]
terra (f) firme	land (i)	['lanˀ]
continente (m)	fastland, kontinent (i)	['fastˌlanˀ], [kʌnti'nɛnˀt]
ilha (f)	ø (f)	['øˀ]
península (f)	halvø (f)	['halˌøˀ]
arquipélago (m)	øhav, arkipelag (i)	['øˌhɑw], [ɑkipe'læˀj]
baía (f)	bugt (f)	['bɔgt]
porto (m)	havn (f)	['hɑwˀn]
lagoa (f)	lagune (f)	[la'gu:nə]
cabo (m)	kap (i)	['kɑp]
atol (m)	atol (f)	[a'tʌlˀ]
recife (m)	rev (i)	['ʁɛw]
coral (m)	koral (f)	[ko'ʁalˀ]
recife (m) de coral	koralrev (i)	[ko'ʁalˌʁɛw]
profundo (adj)	dyb	['dyˀb]
profundidade (f)	dybde (f)	['dybdə]
abismo (m)	afgrund (f), dyb (i)	['awˌgʁɔnˀ], ['dyˀb]
fossa (f) oceânica	oceangrav (f)	[osəˌæn 'gʁɑˀw]
corrente (f)	strøm (f)	['stʁœmˀ]
banhar (vt)	at omgive	[ʌ 'ʌmˌgiˀ]
litoral (m)	kyst (f)	['køst]

costa (f)	kyst (f)	['køst]
maré (f) alta	flod (f)	['flo'ð]
refluxo (m)	ebbe (i)	['ɛbə]
restinga (f)	sandbanke (f)	['san,baŋkə]
fundo (m)	bund (f)	['bɔn']
onda (f)	bølge (f)	['bøljə]
crista (f) da onda	bølgekam (f)	['bøljə,kam']
espuma (f)	skum (i)	['skɔm']
tempestade (f)	storm (f)	['stɒ'm]
furacão (m)	orkan (f)	[ɒ'kæ'n]
tsunami (m)	tsunami (f)	[tsu'nɑ:mi]
calmaria (f)	stille (i)	['stelə]
calmo (adj)	stille	['stelə]
polo (m)	pol (f)	['po'l]
polar (adj)	polar-	[po'lɑ-]
latitude (f)	bredde (f)	['bʁɛ'də]
longitude (f)	længde (f)	['lɛŋ'də]
paralela (f)	breddegrad (f)	['bʁɛ'də,gʁɑ'ð]
equador (m)	ækvator (f)	[ɛ'kvæ:tʌ]
céu (m)	himmel (f)	['heməl]
horizonte (m)	horisont (f)	[hɒi'sʌn't]
ar (m)	luft (f)	['lɔft]
farol (m)	fyr (i)	['fyɐ̯']
mergulhar (vi)	at dykke	[ʌ 'døkə]
afundar-se (vr)	at synke	[ʌ 'søŋkə]
tesouros (m pl)	skatte (f pl)	['skatə]

126. Nomes de Mares e Oceanos

Oceano (m) Atlântico	Atlanterhavet	[at'lan'tʌ,hæ'vəð]
Oceano (m) Índico	Det Indiske Ocean	[de 'en'diskə ose'æ'n]
Oceano (m) Pacífico	Stillehavet	['stelə,hæ'vəð]
Oceano (m) Ártico	Polarhavet	[po'lɑ,hæ'vəð]
Mar (m) Negro	Sortehavet	['soɐ̯tə,hæ'vəð]
Mar (m) Vermelho	Rødehavet	['ʁœ:ðə,hæ'vəð]
Mar (m) Amarelo	Det Gule hav	[de 'gulə 'haw]
Mar (m) Branco	Hvidehavet	['vi:ðə,hæ'vəð]
Mar (m) Cáspio	Det Kaspiske Hav	[de 'kaspi:skə 'haw]
Mar (m) Morto	Dødehavet	['dø:ðə,hæ'vəð]
Mar (m) Mediterrâneo	Middelhavet	['miðəl,hæ'vəð]
Mar (m) Egeu	Ægæerhavet	[ɛ'gɛ'ʌ 'hæ'vəð]
Mar (m) Adriático	Adriaterhavet	[æ'dʁi'æ'tʌ 'hæ'vəð]
Mar (m) Arábico	Arabiahavet	[ɑ'ʁɑ'bia 'hæ'vəð]
Mar (m) do Japão	Det Japanske Hav	[de ja'pæ'nskə 'haw]

Mar (m) de Bering	Beringshavet	['beːʁɐŋsˌhæˀvəð]
Mar (m) da China Meridional	Det Sydkinesiske Hav	[de 'syðkiˌneːsiskə 'haw]
Mar (m) de Coral	Koralhavet	[ko'ʁalˌhæˀvəð]
Mar (m) de Tasman	Det Tasmanske hav	[de tas'manskə 'haw]
Mar (m) do Caribe	Det Caribiske Hav	[de ka'ʁibiskə ˌhaw]
Mar (m) de Barents	Barentshavet	['baːæntsˌhæˀvəð]
Mar (m) de Kara	Karahavet	['kaaˌhæˀvəð]
Mar (m) do Norte	Nordsøen	['noɐ̯ˌsøˀən]
Mar (m) Báltico	Østersøen	['østʌˌsøˀən]
Mar (m) da Noruega	Norskehavet	['nɒːskəˌhæˀvəð]

127. Montanhas

montanha (f)	bjerg (i)	['bjæɐ̯ˀw]
cordilheira (f)	bjergkæde (f)	['bjæɐ̯wˌkɛːðə]
serra (f)	bjergryg (f)	['bjæɐ̯wˌʁœg]
cume (m)	top (f), bjergtop (f)	['tʌp], ['bjæɐ̯wˌtʌp]
pico (m)	tinde (f)	['tenə]
pé (m)	fod (f)	['foˀð]
declive (m)	skråning (f)	['skʁɔˀneŋ]
vulcão (m)	vulkan (f)	[vul'kæˀn]
vulcão (m) ativo	aktiv vulkan (f)	['akˌtiwˀ vul'kæˀn]
vulcão (m) extinto	udslukt vulkan (f)	['uðˌslɔkt vul'kæˀn]
erupção (f)	udbrud (i)	['uðˌbʁuð]
cratera (f)	krater (i)	['kʁaˀtʌ]
magma (m)	magma (i, f)	['mɑwma]
lava (f)	lava (f)	['læːva]
fundido (lava ~a)	glødende	['gløːðənə]
cânion, desfiladeiro (m)	canyon (f)	['kanjʌn]
garganta (f)	kløft (f)	['kløft]
fenda (f)	revne (f)	['ʁawnə]
precipício (m)	afgrund (f)	['awˌgʁɔnˀ]
passo, colo (m)	pas (i)	['pas]
planalto (m)	plateau (i)	[pla'to]
falésia (f)	klippe (f)	['klepə]
colina (f)	bakke (f)	['bakə]
geleira (f)	gletsjer (f)	['glɛtɕʌ]
cachoeira (f)	vandfald (i)	['vanˌfalˀ]
gêiser (m)	gejser (f)	['gɑjˀsʌ]
lago (m)	sø (f)	['søˀ]
planície (f)	slette (f)	['slɛtə]
paisagem (f)	landskab (i)	['lanˌskæˀb]
eco (m)	ekko (i)	['ɛko]
alpinista (m)	alpinist (f)	[alpi'nist]

escalador (m)	bjergbestiger (f)	['bjæɐ̯wbe'sti'ə]
conquistar (vt)	at erobre	[ʌ e'ʁo'bʁʌ]
subida, escalada (f)	bestigning (f)	[be'sti'neŋ]

128. Nomes de montanhas

Alpes (m pl)	Alperne	['alpɒnə]
Monte Branco (m)	Mont Blanc	[ˌmɒn'blʌn]
Pirineus (m pl)	Pyrenæerne	[pyɐ̯'nɛ:ɐ̯nə]

Cárpatos (m pl)	Karpaterne	[kɑ:'pætɒnə]
Urais (m pl)	Uralbjergene	[u:'ʁæ'l 'bjæɐ̯'wənə]
Cáucaso (m)	Kaukasus	['kɑukasus]
Elbrus (m)	Elbrus	[ɛl'bʁu:s]

Altai (m)	Altaj	[al'tɑj]
Tian Shan (m)	Tien-Shan	[ti'enˌɕæn]
Pamir (m)	Pamir	[pæ'miɐ̯']
Himalaia (m)	Himalaya	[hima'lɑja]
monte Everest (m)	Everest	['ɛ:vʁɛst]

| Cordilheira (f) dos Andes | Andesbjergene | ['anəs 'bjæɐ̯'wənə] |
| Kilimanjaro (m) | Kilimanjaro | [kiliman'dʒaʁo:] |

129. Rios

rio (m)	flod (f)	['flo'ð]
fonte, nascente (f)	kilde (f)	['kilə]
leito (m) de rio	flodseng (f)	['floðˌsɛŋ']
bacia (f)	flodbassin (i)	['floð ba'sɛŋ]
desaguar no ...	at munde ud ...	[ʌ 'mɒnə uð' ...]

| afluente (m) | biflod (f) | ['biˌflo'ð] |
| margem (do rio) | bred (f) | ['bʁɛð'] |

corrente (f)	strøm (f)	['stʁœm']
rio abaixo	nedstrøms	['neðˌstʁœm's]
rio acima	opstrøms	['ʌpˌstʁœm's]

inundação (f)	oversvømmelse (f)	['ɒwʌˌsvœm'əlsə]
cheia (f)	flom (f)	['flʌm']
transbordar (vi)	at flyde over	[ʌ 'fly:ðə 'ɒw'ʌ]
inundar (vt)	at oversvømme	[ʌ 'ɒwʌˌsvœm'ə]

| banco (m) de areia | grund (f) | ['gʁɒn'] |
| corredeira (f) | strømfald (i) | ['stʁœmˌfal'] |

barragem (f)	dæmning (f)	['dɛmneŋ]
canal (m)	kanal (f)	[ka'næ'l]
reservatório (m) de água	reservoir (i)	[ʁɛsæɐ̯vo'ɑ:]
eclusa (f)	sluse (f)	['slu:sə]
corpo (m) de água	vandområde (i)	['van 'ʌmˌʁɔ:ðə]

pântano (m)	**sump, mose** (f)	['sɔm'p], ['moːsə]
lamaçal (m)	**hængesæk** (f)	['hɛŋəˌsɛk]
redemoinho (m)	**strømhvirvel** (f)	['stʁœmˌviɐ̯'wəl]
riacho (m)	**bæk** (f)	['bɛk]
potável (adj)	**drikke-**	['dʁɛkə-]
doce (água)	**ferske**	['fæɐ̯skə]
gelo (m)	**is** (f)	['i'ˀs]
congelar-se (vr)	**at fryse til**	[ʌ 'fʁyːsə tel]

130. Nomes de rios

rio Sena (m)	**Seinen**	['sɛːnən]
rio Loire (m)	**Loire**	[luˈɒːʁ]
rio Tâmisa (m)	**Themsen**	['tɛmsən]
rio Reno (m)	**Rhinen**	['ʁiːnən]
rio Danúbio (m)	**Donau**	[dɔ'nɑu]
rio Volga (m)	**Volga**	['vɔlga]
rio Don (m)	**Don**	['dɔn]
rio Lena (m)	**Lena**	['leːna]
rio Amarelo (m)	**Huang He**	[huˌang'heː]
rio Yangtzé (m)	**Yangtze**	['jɑntsə]
rio Mekong (m)	**Mekong**	[me'kɒn]
rio Ganges (m)	**Ganges**	['gɑːŋəs]
rio Nilo (m)	**Nilen**	['niːlən]
rio Congo (m)	**Congo**	['kʌngo]
rio Cubango (m)	**Okavango**	[ɔka'vango]
rio Zambeze (m)	**Zambezi**	[sɑm'bɛsi]
rio Limpopo (m)	**Limpopo**	[liːmpopo]
rio Mississippi (m)	**Mississippi**	['misisiːpi]

131. Floresta

floresta (f), bosque (m)	**skov** (f)	['skɒwˀ]
florestal (adj)	**skov-**	['skɒw-]
mata (f) fechada	**tæt skov** (f)	['tɛt ˌskɒwˀ]
arvoredo (m)	**lund** (f)	['lɔnˀ]
clareira (f)	**lysning** (f)	['lysneŋ]
matagal (m)	**tæt krat** (i)	['tɛt 'kʁɑt]
mato (m), caatinga (f)	**buskads** (i)	[bu'skæ'ˀs]
pequena trilha (f)	**sti** (f)	['stiˀ]
ravina (f)	**ravine** (f)	[ʁa'viːnə]
árvore (f)	**træ** (i)	['tʁɛˀ]
folha (f)	**blad** (i)	['blað]

folhagem (f)	løv (i)	['lø'w]
queda (f) das folhas	løvfald (i)	['løw‚fal']
cair (vi)	at falde	[ʌ 'falə]
topo (m)	trætop (f)	['tʁɛ‚tʌp]

ramo (m)	kvist (f)	['kvest]
galho (m)	gren (f)	['gʁɛ'n]
botão (m)	knop (f)	['knɔp]
agulha (f)	nål (f)	['nɔ'l]
pinha (f)	kogle (f)	['kɒwlə]

buraco (m) de árvore	træhul (i)	['tʁɛ‚hɔl]
ninho (m)	rede (f)	['ʁɛːðə]
toca (f)	hule (f)	['huːlə]

tronco (m)	stamme (f)	['stamə]
raiz (f)	rod (f)	['ʁo'ð]
casca (f) de árvore	bark (f)	['bɑːk]
musgo (m)	mos (i)	['mɔs]

arrancar pela raiz	at rykke op med rode	[ʌ 'ʁœkə ʌp mɛ 'ʁoːðə]
cortar (vt)	at fælde	[ʌ 'fɛlə]
desflorestar (vt)	at hugge ned	[ʌ 'hɔgə 'neð']
toco, cepo (m)	træstub (f)	['tʁɛ‚stub]

fogueira (f)	bål (i)	['bɔ'l]
incêndio (m) florestal	skovbrand (f)	['skɒw‚bʁɑn']
apagar (vt)	at slukke	[ʌ 'slɔkə]

guarda-parque (m)	skovløber (f)	['skɒw‚lø:bʌ]
proteção (f)	værn (i), beskyttelse (f)	['væɡ'n], [be'skøtəlsə]
proteger (a natureza)	at beskytte	[ʌ be'skøtə]
caçador (m) furtivo	krybskytte (f)	['kʁyb‚skøtə]
armadilha (f)	saks (f), fælde (f)	['sɑks], ['fɛlə]

| colher (cogumelos, bagas) | at plukke | [ʌ 'plɔkə] |
| perder-se (vr) | at fare vild | [ʌ 'faːɑ 'vil'] |

132. Recursos naturais

recursos (m pl) naturais	naturressourcer (f pl)	[na'tuɡ ʁɛ'suɡsʌ]
minerais (m pl)	mineraler (i pl)	[minə'ʁa'lʌ]
depósitos (m pl)	forekomster (f pl)	['fɔːɒ‚kʌm'stʌ]
jazida (f)	felt (i)	['fɛl't]

extrair (vt)	at udvinde	[ʌ 'uð‚ven'ə]
extração (f)	udvinding (f)	['uð‚venen]
minério (m)	malm (f)	['mal'm]
mina (f)	mine (f)	['miːnə]
poço (m) de mina	mineskakt (f)	['minə‚skakt]
mineiro (m)	minearbejder (f)	['miːnə'ɑːˌbaj'dʌ]

| gás (m) | gas (f) | ['gas] |
| gasoduto (m) | gasledning (f) | ['gas‚leðnen] |

petróleo (m)	**olie** (f)	['oljə]
oleoduto (m)	**olieledning** (f)	['oljə͵leðnen]
poço (m) de petróleo	**oliebrønd** (f)	['oljə͵bʁœn']
torre (f) petrolífera	**boretårn** (i)	['bo:ʌ͵tɒ'n]
petroleiro (m)	**tankskib** (i)	['taŋk͵ski'b]
areia (f)	**sand** (i)	['san']
calcário (m)	**kalksten** (f)	['kalk͵ste'n]
cascalho (m)	**grus** (i)	['gʁu's]
turfa (f)	**tørv** (f)	['tœɡ'w]
argila (f)	**ler** (i)	['le'ɡ]
carvão (m)	**kul** (i)	['kɔl]
ferro (m)	**jern** (i)	['jæɡ'n]
ouro (m)	**guld** (i)	['gul]
prata (f)	**sølv** (i)	['søl]
níquel (m)	**nikkel** (i)	['nekəl]
cobre (m)	**kobber** (i)	['kɒw'ʌ]
zinco (m)	**zink** (i, f)	['seŋ'k]
manganês (m)	**mangan** (i)	[maŋ'gæ'n]
mercúrio (m)	**kviksølv** (i)	['kvik͵søl]
chumbo (m)	**bly** (i)	['bly']
mineral (m)	**mineral** (i)	[minə'ʁɑ'l]
cristal (m)	**krystal** (i, f)	[kʁy'stal']
mármore (m)	**marmor** (i)	['mɑ'moɡ]
urânio (m)	**uran** (i, f)	[u'ʁɑ'n]

A Terra. Parte 2

133. Tempo

tempo (m)	vejr (i)	['vɛˀɐ̯]
previsão (f) do tempo	vejrudsigt (f)	['vɛɐ̯ˌuðsegt]
temperatura (f)	temperatur (f)	[tɛmpʁɑ'tuɐ̯ˀ]
termômetro (m)	termometer (i)	[tæɐ̯mo'meˀtʌ]
barômetro (m)	barometer (i)	[bɑo'meˀtʌ]
úmido (adj)	fugtig	['fɔgti]
umidade (f)	fugtighed (f)	['fɔgtiˌheðˀ]
calor (m)	hede (f)	['he:ðə]
tórrido (adj)	hed	['heðˀ]
está muito calor	det er hedt	[de 'æɐ̯ 'heðˀ]
está calor	det er varmt	[de 'æɐ̯ 'vɑˀmt]
quente (morno)	varm	['vɑˀm]
está frio	det er koldt	[de 'æɐ̯ 'kʌlt]
frio (adj)	kold	['kʌlˀ]
sol (m)	sol (f)	['soˀl]
brilhar (vi)	at skinne	[ʌ 'skenə]
de sol, ensolarado	solrig	['soːlˌʁiˀ]
nascer (vi)	at stå op	[ʌ stɔˀ 'ʌp]
pôr-se (vr)	at gå ned	[ʌ gɔˀ 'neðˀ]
nuvem (f)	sky (f)	['skyˀ]
nublado (adj)	skyet	['sky:əð]
nuvem (f) preta	regnsky (f)	['ʁɑjnˌskyˀ]
escuro, cinzento (adj)	mørk	['mœɐ̯k]
chuva (f)	regn (f)	['ʁɑjˀn]
está a chover	det regner	[de 'ʁɑjnʌ]
chuvoso (adj)	regnvejrs-	['ʁɑjnˌvɛɐ̯s-]
chuviscar (vi)	at småregne	[ʌ 'smɒʁɑjnə]
chuva (f) torrencial	øsende regn (f)	['ø:sənə ˌʁɑjˀn]
aguaceiro (m)	styrtregn (f)	['styɐ̯tˌʁɑjˀn]
forte (chuva, etc.)	kraftig, heftig	['kʁɑfti], ['hɛfti]
poça (f)	vandpyt (f)	['vanˌpyt]
molhar-se (vr)	at blive våd	[ʌ 'bliːə 'vɔˀð]
nevoeiro (m)	tåge (f)	['tɔːwə]
de nevoeiro	tåget	['tɔːwəð]
neve (f)	sne (f)	['sneˀ]
está nevando	det sner	[de 'sneˀʌ]

134. Tempo extremo. Catástrofes naturais

trovoada (f)	tordenvejr (i)	['toɐ̯dən‚vɛʔɐ̯]
relâmpago (m)	lyn (i)	['lyʔn]
relampejar (vi)	at glimte	[ʌ 'glemtə]
trovão (m)	torden (f)	['toɐ̯dən]
trovejar (vi)	at tordne	[ʌ 'toɐ̯dnə]
está trovejando	det tordner	[de 'toɐ̯dnʌ]
granizo (m)	hagl (i)	['hɑwʔl]
está caindo granizo	det hagler	[de 'hɑwlɐ̯]
inundar (vt)	at oversvømme	[ʌ 'ɒwʌ‚svœmʔə]
inundação (f)	oversvømmelse (f)	['ɒwʌ‚svœmʔəlsə]
terremoto (m)	jordskælv (i)	['joɐ̯‚skɛlʔv]
abalo, tremor (m)	skælv (i)	['skɛlʔv]
epicentro (m)	epicenter (i)	[epi'sɛnʔtʌ]
erupção (f)	udbrud (i)	['uð‚bʁuð]
lava (f)	lava (f)	['læ:va]
tornado (m)	skypumpe (f)	['sky‚pɔmpə]
tornado (m)	tornado (f)	[tɒ'næ:do]
tufão (m)	tyfon (f)	[ty'foʔn]
furacão (m)	orkan (f)	[ɒ'kæʔn]
tempestade (f)	storm (f)	['stɒʔm]
tsunami (m)	tsunami (f)	[tsu'nɑːmi]
ciclone (m)	cyklon (f)	[sy'kloʔn]
mau tempo (m)	uvejr (i)	['u‚vɛʔɐ̯]
incêndio (m)	brand (f)	['bʁɑnʔ]
catástrofe (f)	katastrofe (f)	[kata'stʁoːfə]
meteorito (m)	meteorit (f)	[meteo'ʁit]
avalanche (f)	lavine (f)	[la'viːnə]
deslizamento (m) de neve	sneskred (i)	['sne‚skʁɛð]
nevasca (f)	snefog (i)	['sne‚fɒwʔ]
tempestade (f) de neve	snestorm (f)	['sne‚stɒʔm]

Fauna

135. Mamíferos. Predadores

predador (m)	rovdyr (i)	['ʁɒwˌdyɡ̊ˀ]
tigre (m)	tiger (f)	['tiːʌ]
leão (m)	løve (f)	['løːvə]
lobo (m)	ulv (f)	['ulˀv]
raposa (f)	ræv (f)	['ʁɛˀw]
jaguar (m)	jaguar (f)	[jaguˈɑˀ]
leopardo (m)	leopard (f)	[leoˈpɑˀd]
chita (f)	gepard (f)	[geˈpɑˀd]
pantera (f)	panter (f)	['panˀtʌ]
puma (m)	puma (f)	['puːma]
leopardo-das-neves (m)	sneleopard (f)	['sne leoˈpɑˀd]
lince (m)	los (f)	['lʌs]
coiote (m)	coyote, prærieulv (f)	[koˈjoːtə], ['pʁɛɡ̊jəˌulˀv]
chacal (m)	sjakal (f)	[ɕaˈkæˀl]
hiena (f)	hyæne (f)	[hyˈɛːnə]

136. Animais selvagens

animal (m)	dyr (i)	['dyɡ̊ˀ]
besta (f)	bæst (i), udyr (i)	['bɛˀst], ['uˌdyɡ̊ˀ]
esquilo (m)	egern (i)	['eˀjʌn]
ouriço (m)	pindsvin (i)	['penˌsviˀn]
lebre (f)	hare (f)	['hɑːɑ]
coelho (m)	kanin (f)	[kaˈniˀn]
texugo (m)	grævling (f)	['gʁæwleŋ]
guaxinim (m)	vaskebjørn (f)	['vaskəˌbjœɡ̊ˀn]
hamster (m)	hamster (f)	['hɑmˀstʌ]
marmota (f)	murmeldyr (i)	['muɡ̊ˀməlˌdyɡ̊ˀ]
toupeira (f)	muldvarp (f)	['mulˌvɑːp]
rato (m)	mus (f)	['muˀs]
ratazana (f)	rotte (f)	['ʁʌtə]
morcego (m)	flagermus (f)	['flawʌˌmuˀs]
arminho (m)	hermelin (f)	[hæɡ̊məˈliˀn]
zibelina (f)	zobel (f)	['soˀbəl]
marta (f)	mår (f)	['mɒˀ]
doninha (f)	brud (f)	['bʁuð]
visom (m)	mink (f)	['meŋˀk]

castor (m)	bæver (f)	['bɛˀvʌ]
lontra (f)	odder (f)	['ʌðˀʌ]

cavalo (m)	hest (f)	['hɛst]
alce (m)	elg (f)	['ɛlˀj]
veado (m)	hjort (f)	['jɒːt]
camelo (m)	kamel (f)	[ka'meˀl]

bisão (m)	bison (f)	['bisʌn]
auroque (m)	urokse (f)	['uɐ̯ˌʌksə]
búfalo (m)	bøffel (f)	['bøfəl]

zebra (f)	zebra (f)	['seːbʁɑ]
antílope (m)	antilope (f)	[anti'loːpə]
corça (f)	rådyr (i), rå (f)	['ʁʌˌdyɐ̯ˀ], ['ʁɔˀ]
gamo (m)	dådyr (i)	['dʌˌdyɐ̯ˀ]
camurça (f)	gemse (f)	['gɛmsə]
javali (m)	vildsvin (i)	['vilˌsviˀn]

baleia (f)	hval (f)	['væˀl]
foca (f)	sæl (f)	['sɛˀl]
morsa (f)	hvalros (f)	['valˌʁʌs]
urso-marinho (m)	pelssæl (f)	['pɛlsˌsɛˀl]
golfinho (m)	delfin (f)	[dɛl'fiˀn]

urso (m)	bjørn (f)	['bjœɐ̯ˀn]
urso (m) polar	isbjørn (f)	['isˌbjœɐ̯ˀn]
panda (m)	panda (f)	['panda]

macaco (m)	abe (f)	['æːbə]
chimpanzé (m)	chimpanse (f)	[ɕim'pansə]
orangotango (m)	orangutang (f)	[o'ʁɑŋguˌtɑŋˀ]
gorila (m)	gorilla (f)	[go'ʁila]
macaco (m)	makak (f)	[mæ'kɑk]
gibão (m)	gibbon (f)	['gibʌn]

elefante (m)	elefant (f)	[elə'fanˀt]
rinoceronte (m)	næsehorn (i)	['nɛːsəˌhoɐ̯ˀn]
girafa (f)	giraf (f)	[gi'ʁaf]
hipopótamo (m)	flodhest (f)	['floðˌhɛst]

canguru (m)	kænguru (f)	[kɛŋguːʁu]
coala (m)	koala (f)	[ko'æːla]

mangusto (m)	mangust (f)	[mɑŋ'gust]
chinchila (f)	chinchilla (f)	[tjen'tjila]
cangambá (f)	skunk (f)	['skɔŋˀk]
porco-espinho (m)	hulepindsvin (i)	['huːlə 'penˌsviˀn]

137. Animais domésticos

gata (f)	kat (f)	['kat]
gato (m) macho	hankat (f)	['hanˌkat]
cão (m)	hund (f)	['hunˀ]

cavalo (m)	hest (f)	['hɛst]
garanhão (m)	hingst (f)	['heŋ'st]
égua (f)	hoppe (f)	['hʌpə]
vaca (f)	ko (f)	['ko']
touro (m)	tyr (f)	['tyɡ']
boi (m)	okse (f)	['ʌksə]
ovelha (f)	får (i)	['fɑ:]
carneiro (m)	vædder (f)	['vɛð'ʌ]
cabra (f)	ged (f)	['geð']
bode (m)	gedebuk (f)	['ge:ðə,bɔk]
burro (m)	æsel (i)	['ɛ'səl]
mula (f)	muldyr (i)	['mul,dyɡ']
porco (m)	svin (i)	['svi'n]
leitão (m)	gris (f)	['gʁi's]
coelho (m)	kanin (f)	[ka'ni'n]
galinha (f)	høne (f)	['hœ:nə]
galo (m)	hane (f)	['hæ:nə]
pata (f), pato (m)	and (f)	['an']
pato (m)	andrik (f)	['an'dʁɛk]
ganso (m)	gås (f)	['gɔ's]
peru (m)	kalkun hane (f)	[kal'ku'n 'hæ:nə]
perua (f)	kalkun (f)	[kal'ku'n]
animais (m pl) domésticos	husdyr (i pl)	['hus,dyɡ']
domesticado (adj)	tam	['tɑm']
domesticar (vt)	at tæmme	[ʌ 'tɛmə]
criar (vt)	at avle, at opdrætte	[ʌ 'ɑwlə], [ʌ 'ʌp,dʁatə]
fazenda (f)	farm (f)	['fɑ'm]
aves (f pl) domésticas	fjerkræ (i)	['fjeɡ,kʁɛ']
gado (m)	kvæg (i)	['kvɛ'j]
rebanho (m), manada (f)	hjord (f)	['jɒ'd]
estábulo (m)	stald (f)	['stal']
chiqueiro (m)	svinesti (f)	['svinə,sti']
estábulo (m)	kostald (f)	['ko,stal']
coelheira (f)	kaninbur (i)	[ka'nin,buɡ']
galinheiro (m)	hønsehus (i)	['hœnsə,hu's]

138. Pássaros

pássaro (m), ave (f)	fugl (f)	['fu'l]
pombo (m)	due (f)	['du:ə]
pardal (m)	spurv (f)	['spuɡ'w]
chapim-real (m)	musvit (f)	[mu'svit]
pega-rabuda (f)	skade (f)	['skæ:ðə]
corvo (m)	ravn (f)	['ʁɑw'n]

gralha-cinzenta (f)	krage (f)	['kʁɑ:wə]
gralha-de-nuca-cinzenta (f)	kaie (f)	['kɑjə]
gralha-calva (f)	råge (f)	['ʁɔ:wə]
pato (m)	and (f)	['anˀ]
ganso (m)	gås (f)	['gɔˀs]
faisão (m)	fasan (f)	[fa'sæˀn]
águia (f)	ørn (f)	['œɐ̯ˀn]
açor (m)	høg (f)	['høˀj]
falcão (m)	falk (f)	['falˀk]
abutre (m)	grib (f)	['gʁi:b]
condor (m)	kondor (f)	[kʌn'doˀɐ̯]
cisne (m)	svane (f)	['svæ:nə]
grou (m)	trane (f)	['tʁɑ:nə]
cegonha (f)	stork (f)	['stɒ:k]
papagaio (m)	papegøje (f)	[pɑpə'gʌjə]
beija-flor (m)	kolibri (f)	[koli'bʁiˀ]
pavão (m)	påfugl (f)	['pʌˌfuˀl]
avestruz (m)	struds (f)	['stʁus]
garça (f)	hejre (f)	['hɑjʁʌ]
flamingo (m)	flamingo (f)	[fla'meŋgo]
pelicano (m)	pelikan (f)	[peli'kæˀn]
rouxinol (m)	nattergal (f)	['natʌˌgæˀl]
andorinha (f)	svale (f)	['svæ:lə]
tordo-zornal (m)	drossel, sjagger (f)	['dʁʌsəl], ['ɕɑgʌ]
tordo-músico (m)	sangdrossel (f)	['saŋˌdʁʌsəl]
melro-preto (m)	solsort (f)	['so:lˌsoɐ̯t]
andorinhão (m)	mursejler (f)	['muɐ̯ˌsɑjlʌ]
cotovia (f)	lærke (f)	['læɐ̯kə]
codorna (f)	vagtel (f)	['vɑgtəl]
pica-pau (m)	spætte (f)	['spɛtə]
cuco (m)	gøg (f)	['gøˀj]
coruja (f)	ugle (f)	['u:lə]
bufo-real (m)	hornugle (f)	['hoɐ̯nˌu:lə]
tetraz-grande (m)	tjur (f)	['tjuɐ̯ˀ]
tetraz-lira (m)	urfugl (f)	['uɐ̯ˌfuˀl]
perdiz-cinzenta (f)	agerhøne (f)	['æˀjʌˌhœ:nə]
estorninho (m)	stær (f)	['stɛˀɐ̯]
canário (m)	kanariefugl (f)	[ka'nɑˀjəˌfuˀl]
galinha-do-mato (f)	hjerpe, jærpe (f)	['jæɐ̯pə]
tentilhão (m)	bogfinke (f)	['bowˌfeŋkə]
dom-fafe (m)	dompap (f)	['dɔmˌpap]
gaivota (f)	måge (f)	['mɔ:wə]
albatroz (m)	albatros (f)	['albaˌtʁʌs]
pinguim (m)	pingvin (f)	[peŋ'viˀn]

139. Peixes. Animais marinhos

brema (f)	brasen (f)	['bʁɑˀsən]
carpa (f)	karpe (f)	['kɑːpə]
perca (f)	aborre (f)	['ɑˌbɒːɒ]
siluro (m)	malle (f)	['malə]
lúcio (m)	gedde (f)	['geðə]
salmão (m)	laks (f)	['lɑks]
esturjão (m)	stør (f)	['støˀɐ̯]
arenque (m)	sild (f)	['silˀ]
salmão (m) do Atlântico	atlantisk laks (f)	[at'lanˀtisk 'lɑks]
cavala, sarda (f)	makrel (f)	[mɑ'kʁalˀ]
solha (f), linguado (m)	rødspætte (f)	['ʁœðˌspɛtə]
lúcio perca (m)	sandart (f)	['sanˌɑˀt]
bacalhau (m)	torsk (f)	['tɒːsk]
atum (m)	tunfisk (f)	['tuːnˌfesk]
truta (f)	ørred (f)	['œɐ̯ʌð]
enguia (f)	ål (f)	['ɔˀl]
raia (f) elétrica	elektrisk rokke (f)	[e'lɛktʁisk 'ʁʌkə]
moreia (f)	muræne (f)	[mu'ʁɛːnə]
piranha (f)	piraya (f)	[pi'ʁaja]
tubarão (m)	haj (f)	['hɑjˀ]
golfinho (m)	delfin (f)	[dɛl'fiˀn]
baleia (f)	hval (f)	['væˀl]
caranguejo (m)	krabbe (f)	['kʁabə]
água-viva (f)	gople, meduse (f)	['gʌplə], [me'duːsə]
polvo (m)	blæksprutte (f)	['blɛkˌspʁutə]
estrela-do-mar (f)	søstjerne (f)	['søˌstjæɐ̯nə]
ouriço-do-mar (m)	søpindsvin (i)	['sø 'penˌsviˀn]
cavalo-marinho (m)	søhest (f)	['søˌhɛst]
ostra (f)	østers (f)	['østʌs]
camarão (m)	reje (f)	['ʁajə]
lagosta (f)	hummer (f)	['hɔmˀʌ]
lagosta (f)	languster (f)	[laŋ'gustʌ]

140. Anfíbios. Répteis

cobra (f)	slange (f)	['slaŋə]
venenoso (adj)	giftig	['gifti]
víbora (f)	hugorm (f)	['hɔgˌoɐ̯ˀm]
naja (f)	kobra (f)	['ko:bʁɑ]
píton (m)	pyton (f)	['pytʌn]
jiboia (f)	boa (f)	['bo:a]
cobra-de-água (f)	snog (f)	['sno:ˀ]

cascavel (f)	klapperslange (f)	['klɑpʌˌslɑŋə]
anaconda (f)	anakonda (f)	[ana'kʌnda]
lagarto (m)	firben (i)	['fiɐ̯'beˀn]
iguana (f)	leguan (f)	[legu'æˀn]
varano (m)	varan (f)	[vɑ'ʁɑˀn]
salamandra (f)	salamander (f)	[sala'manˀdʌ]
camaleão (m)	kamæleon (f)	[kaməle'oˀn]
escorpião (m)	skorpion (f)	[skɒpi'oˀn]
tartaruga (f)	skildpadde (f)	['skelˌpaðə]
rã (f)	frø (f)	['fʁœˀ]
sapo (m)	tudse (f)	['tusə]
crocodilo (m)	krokodille (f)	[kʁokə'dilə]

141. Insetos

inseto (m)	insekt (i)	[en'sɛkt]
borboleta (f)	sommerfugl (f)	['sʌmʌˌfuˀl]
formiga (f)	myre (f)	['my:ʌ]
mosca (f)	flue (f)	['flu:ə]
mosquito (m)	stikmyg (f)	['stekˌmyg]
escaravelho (m)	bille (f)	['bilə]
vespa (f)	hveps (f)	['vɛps]
abelha (f)	bi (f)	['biˀ]
mamangaba (f)	humlebi (f)	['hɔmləˌbiˀ]
moscardo (m)	bremse (f)	['bʁamsə]
aranha (f)	edderkop (f)	['ɛðˀʌˌkʌp]
teia (f) de aranha	edderkoppespind (i)	['ɛðˀʌkʌpəˌsbenˀ]
libélula (f)	guldsmed (f)	['gulˌsmeð]
gafanhoto (m)	græshoppe (f)	['gʁasˌhʌpə]
traça (f)	natsværmer (f)	['natˌsvæɐ̯'mʌ]
barata (f)	kakerlak (f)	[kɑkʌ'lak]
carrapato (m)	flåt, mide (f)	['flɔˀt], ['mi:ðə]
pulga (f)	loppe (f)	['lʌpə]
borrachudo (m)	kvægmyg (f)	['kvɛjˌmyg]
gafanhoto (m)	vandregræshoppe (f)	['vandʁʌ 'gʁasˌhʌpə]
caracol (m)	snegl (f)	['snɑjˀl]
grilo (m)	fårekylling (f)	['fɔːɒˌkyleŋ]
pirilampo, vaga-lume (m)	ildflue (f)	['ilflu:ə]
joaninha (f)	mariehøne (f)	[mɑ'ʁiˀəˌhœ:nə]
besouro (m)	oldenborre (f)	['ʌlənˌbɒ:ɒ]
sanguessuga (f)	igle (f)	['i:lə]
lagarta (f)	sommerfuglelarve (f)	['sʌmʌˌfu:lə 'lɑ:və]
minhoca (f)	regnorm (f)	['ʁɑjnˌoɐ̯ˀm]
larva (f)	larve (f)	['lɑ:və]

Flora

142. Árvores

árvore (f)	træ (i)	['tʁɛˀ]
decídua (adj)	løv-	['løw-]
conífera (adj)	nåle-	['nɔlə-]
perene (adj)	stedsegrønt, eviggrønt	['stɛðsə‚gʁœnˀt], ['eːvi‚gʁœnˀt]

macieira (f)	æbletræ (i)	['ɛˀblə‚tʁɛˀ]
pereira (f)	pæretræ (i)	['pɛʌ‚tʁɛˀ]
cerejeira (f)	moreltræ (i)	[mo'ʁal‚tʁɛˀ]
ginjeira (f)	kirsebærtræ (i)	['kiɡsəbæɡ‚tʁɛˀ]
ameixeira (f)	blommetræ (i)	['blʌmə‚tʁɛˀ]

bétula (f)	birk (f)	['biɡk]
carvalho (m)	eg (f)	['eˀj]
tília (f)	lind (f)	['lenˀ]
choupo-tremedor (m)	asp (f)	['asp]
bordo (m)	løn (f), ahorn (f)	['lœnˀ], ['a‚hoɡˀn]
espruce (m)	gran (f)	['gʁan]
pinheiro (m)	fyr (f)	['fyɡˀ]
alerce, lariço (m)	lærk (f)	['læɡk]
abeto (m)	ædelgran (f)	['ɛˀðəl‚gʁan]
cedro (m)	ceder (f)	['seːðʌ]

choupo, álamo (m)	poppel (f)	['pʌpəl]
tramazeira (f)	røn (f)	['ʁœnˀ]
salgueiro (m)	pil (f)	['piˀl]
amieiro (m)	el (f)	['ɛl]
faia (f)	bøg (f)	['bøˀj]
ulmeiro, olmo (m)	elm (f)	['ɛlˀm]
freixo (m)	ask (f)	['ask]
castanheiro (m)	kastanie (i)	[ka'stanjə]

magnólia (f)	magnolie (f)	[mɑw'noˀljə]
palmeira (f)	palme (f)	['palmə]
cipreste (m)	cypres (f)	[sy'pʁas]

mangue (m)	mangrove (f)	[mɑŋ'gʁoːvə]
embondeiro, baobá (m)	baobabtræ (i)	[bɑo'bɑb‚tʁɛˀ]
eucalipto (m)	eukalyptus (f)	[œwka'lyptus]
sequoia (f)	sequoia (f), rødtræ (i)	[sek'wojə], ['ʁœð‚tʁɛˀ]

143. Arbustos

arbusto (m)	busk (f)	['busk]
arbusto (m), moita (f)	buskads (i)	[bu'skæˀs]

| videira (f) | vinranke (f) | ['vi:n‚ʁɑŋkə] |
| vinhedo (m) | vingård (f) | ['vi:n‚gɒˀ] |

framboeseira (f)	hindbærbusk (f)	['henbæɐ̯‚busk]
groselheira-negra (f)	solbærbusk (f)	['so:lbæɐ̯‚busk]
groselheira-vermelha (f)	ribsbusk (f)	['ʁɛbs‚busk]
groselheira (f) espinhosa	stikkelsbær (i)	['stekəls‚bæɐ̯]

acácia (f)	akacie (f)	[a'kæˀɕə]
bérberis (f)	berberis (f)	['bæɐ̯ˀbʌʁis]
jasmim (m)	jasmin (f)	[ɕas'miˀn]

junípero (m)	ene (f)	['e:nə]
roseira (f)	rosenbusk (f)	['ʁo:sən‚busk]
roseira (f) brava	Hunde-Rose (f)	['hunə-'ʁo:sə]

144. Frutos. Bagas

fruta (f)	frugt (f)	['fʁɔgt]
frutas (f pl)	frugter (f pl)	['fʁɔgtʌ]
maçã (f)	æble (i)	['ɛˀblə]
pera (f)	pære (f)	['pɛˀʌ]
ameixa (f)	blomme (f)	['blʌmə]

morango (m)	jordbær (i)	['joɐ̯‚bæɐ̯]
ginja (f)	kirsebær (i)	['kiɐ̯sə‚bæɐ̯]
cereja (f)	morel (f)	[mo'ʁalˀ]
uva (f)	drue (f)	['dʁu:ə]

framboesa (f)	hindbær (i)	['hen‚bæɐ̯]
groselha (f) negra	solbær (i)	['so:l‚bæɐ̯]
groselha (f) vermelha	ribs (i, f)	['ʁɛbs]
groselha (f) espinhosa	stikkelsbær (i)	['stekəls‚bæɐ̯]
oxicoco (m)	tranebær (i)	['tʁɑ:nə‚bæɐ̯]

laranja (f)	appelsin (f)	[ɑpəl'siˀn]
tangerina (f)	mandarin (f)	[mandɑ'ʁiˀn]
abacaxi (m)	ananas (f)	['ananas]

| banana (f) | banan (f) | [ba'næˀn] |
| tâmara (f) | daddel (f) | ['daðˀəl] |

limão (m)	citron (f)	[si'tʁoˀn]
damasco (m)	abrikos (f)	[abʁi'koˀs]
pêssego (m)	fersken (f)	['fæɐ̯skən]

| quiuí (m) | kiwi (f) | ['ki:vi] |
| toranja (f) | grapefrugt (f) | ['gʁɛjp‚fʁɔgt] |

baga (f)	bær (i)	['bæɐ̯]
bagas (f pl)	bær (i pl)	['bæɐ̯]
arando (m) vermelho	tyttebær (i)	['tytə‚bæɐ̯]
morango-silvestre (m)	skovjordbær (i)	['skɒw 'joɐ̯‚bæɐ̯]
mirtilo (m)	blåbær (i)	['blɔˀ‚bæɐ̯]

145. Flores. Plantas

flor (f)	blomst (f)	['blʌmˀst]
buquê (m) de flores	buket (f)	[bu'kɛt]
rosa (f)	rose (f)	['ʁoːsə]
tulipa (f)	tulipan (f)	[tuli'pæˀn]
cravo (m)	nellike (f)	['nel'ekə]
gladíolo (m)	gladiolus (f)	[gladi'oːlus]
centáurea (f)	kornblomst (f)	['koɐ̯n̩ˌblʌmˀst]
campainha (f)	blåklokke (f)	['blʌˌklʌkə]
dente-de-leão (m)	mælkebøtte, løvetand (f)	['mɛlkəˌbøtə], ['løːvəˌtanˀ]
camomila (f)	kamille (f)	[ka'milə]
aloé (m)	aloe (f)	['æˀloˌeˀ]
cacto (m)	kaktus (f)	['kɑktus]
fícus (m)	ficus, stuebirk (f)	['fikus], ['stuːəˌbiɐ̯k]
lírio (m)	lilje (f)	['liljə]
gerânio (m)	geranie (f)	[ge'ʁɑˀnjə]
jacinto (m)	hyacint (f)	[hya'senˀt]
mimosa (f)	mimose (f)	[mi'moːsə]
narciso (m)	narcis (f)	[nɑ'siːs]
capuchinha (f)	blomsterkarse (f)	['blʌmˀstʌˌkaːsə]
orquídea (f)	orkide, orkidé (f)	[ɒki'deˀ]
peônia (f)	pæon (f)	[pɛ'oˀn]
violeta (f)	viol (f)	[vi'oˀl]
amor-perfeito (m)	stedmoderblomst (f)	['stɛmoɐ̯ ˌblʌmˀst]
não-me-esqueças (m)	forglemmigej (f)	[fʌ'glɛmˀmɑˌɑjˀ]
margarida (f)	tusindfryd (f)	['tusənˌfʁyðˀ]
papoula (f)	valmue (f)	['valˌmuːə]
cânhamo (m)	hamp (f)	['hɑmˀp]
hortelã, menta (f)	mynte (f)	['møntə]
lírio-do-vale (m)	liljekonval (f)	['liljə kɔn'valˀ]
campânula-branca (f)	vintergæk (f)	['ventʌˌgɛk]
urtiga (f)	nælde (f)	['nɛlə]
azedinha (f)	syre (f)	['syːʌ]
nenúfar (m)	åkande, nøkkerose (f)	['ɔˀkanə], ['nøkəˌʁoːsə]
samambaia (f)	bregne (f)	['bʁɑjnə]
líquen (m)	lav (f)	['law]
estufa (f)	drivhus (i)	['dʁiwˌhuˀs]
gramado (m)	græsplæne (f)	['gʁasˌplɛːnə]
canteiro (m) de flores	blomsterbed (i)	['blʌmˀstʌˌbəð]
planta (f)	plante (f)	['plantə]
grama (f)	græs (i)	['gʁas]
folha (f) de grama	græsstrå (i)	['gʁasˌstʁɔˀ]

folha (f)	blad (i)	['blað]
pétala (f)	kronblad (i)	['krɔnˌblað]
talo (m)	stilk (f)	['stelʔk]
tubérculo (m)	rodknold (f)	['ʁoðˌknʌlʔ]

| broto, rebento (m) | spire (f) | ['spiːʌ] |
| espinho (m) | torn (f) | ['toɡʔn] |

florescer (vi)	at blomstre	[ʌ 'blʌmstʁʌ]
murchar (vi)	at visne	[ʌ 'vesnə]
cheiro (m)	lugt (f)	['lɔgt]
cortar (flores)	at skære af	[ʌ 'skɛːʌ 'æʔ]
colher (uma flor)	at plukke	[ʌ 'plɔkə]

146. Cereais, grãos

grão (m)	korn (i)	['koɡʔn]
cereais (plantas)	kornsorter (f pl)	['koɡnˌsɒːtʌ]
espiga (f)	aks (i)	['ɑks]

trigo (m)	hvede (f)	['veːðə]
centeio (m)	rug (f)	['ʁuʔ]
aveia (f)	havre (f)	['hɑwʁʌ]
painço (m)	hirse (f)	['hiɡsə]
cevada (f)	byg (f)	['byg]

milho (m)	majs (f)	['mɑjʔs]
arroz (m)	ris (f)	['ʁiʔs]
trigo-sarraceno (m)	boghvede (f)	['bɔwˌveːðə]

ervilha (f)	ært (f)	['æɡʔt]
feijão (m) roxo	bønne (f)	['bœnə]
soja (f)	soja (f)	['sʌja]
lentilha (f)	linse (f)	['lensə]
feijão (m)	bønner (f pl)	['bœnʌ]

PAÍSES. NACIONALIDADES

147. Europa Ocidental

Europa (f)	Europa	[œw'ʁo:pa]
União (f) Europeia	Den Europæiske Union	[dən œwʁo'pɛˀiskə uni'oˀn]
Áustria (f)	Østrig	['østʁi]
Grã-Bretanha (f)	Storbritannien	['stoɡ bʁiˌtaniən]
Inglaterra (f)	England	['ɛŋˀlan]
Bélgica (f)	Belgien	['bɛlˀgjən]
Alemanha (f)	Tyskland	['tysklanˀ]
Países Baixos (m pl)	Nederlandene	['ne:ðʌˌlɛnnə]
Holanda (f)	Holland	['hʌlanˀ]
Grécia (f)	Grækenland	['gʁɛ:kənlanˀ]
Dinamarca (f)	Danmark	['dænmɑk]
Irlanda (f)	Irland	['iɐlanˀ]
Islândia (f)	Island	['islanˀ]
Espanha (f)	Spanien	['spæˀnjən]
Itália (f)	Italien	[i'tæljən]
Chipre (m)	Cypern	['kypɒn]
Malta (f)	Malta	['malta]
Noruega (f)	Norge	['nɒ:w]
Portugal (m)	Portugal	['pɒ:tugəl]
Finlândia (f)	Finland	['fenlan]
França (f)	Frankrig	['fʁɑŋkʁi]
Suécia (f)	Sverige	['svɛʁiˀ]
Suíça (f)	Schweiz	['svajts]
Escócia (f)	Skotland	['skɒtlanˀ]
Vaticano (m)	Vatikanstaten	['vateˌkæ:n 'stæˀtən]
Liechtenstein (m)	Liechtenstein	['li:ktənʃtajn]
Luxemburgo (m)	Luxembourg	['lygsəmˌbɒ:]
Mônaco (m)	Monaco	[mo'nɑko]

148. Europa Central e de Leste

Albânia (f)	Albanien	[al'bæˀnjən]
Bulgária (f)	Bulgarien	[bul'gɑ:iən]
Hungria (f)	Ungarn	['ɔŋgɑˀn]
Letônia (f)	Letland	['lɛtlanˀ]
Lituânia (f)	Litauen	['liˌtɑwˀən]
Polônia (f)	Polen	['po:læn]

Romênia (f)	Rumænien	[ʁu'mɛʔnjən]
Sérvia (f)	Serbien	['sæɐ̯ˀbiən]
Eslováquia (f)	Slovakiet	[slova'ki:əð]

Croácia (f)	Kroatien	[kʁo'æʔtiən]
República (f) Checa	Tjekkiet	['tjɛˌkiəð]
Estônia (f)	Estland	['ɛstlan]

Bósnia e Herzegovina (f)	Bosnien-Herzegovina	['bosniən hæɐ̯sego'vi:na]
Macedônia (f)	Makedonien	[mɑkə'do:njən]
Eslovênia (f)	Slovenien	[slo've:njən]
Montenegro (m)	Montenegro	['mɒntəˌnɛgʁə]

149. Países da ex-URSS

Azerbaijão (m)	Aserbajdsjan	[asæɐ̯bɑj'djæʔn]
Armênia (f)	Armenien	[ɑ'meʔnjən]

Belarus	Hviderusland	['vi:ðəˌʁuslanˀ]
Geórgia (f)	Georgien	[ge'ɒʔgjən]
Cazaquistão (m)	Kasakhstan	[ka'sɑkˌstan]
Quirguistão (m)	Kirgisistan	[kiɐ̯'gisiˌstan]
Moldávia (f)	Moldova	[mʌl'doʔva]

Rússia (f)	Rusland	['ʁuslanˀ]
Ucrânia (f)	Ukraine	[ukʁɑ'iʔnə]

Tajiquistão (m)	Tadsjikistan	[ta'dɕikiˌstan]
Turquemenistão (m)	Turkmenistan	[tuɐ̯k'meʔniˌstan]
Uzbequistão (f)	Usbekistan	[us'bekiˌstan]

150. Asia

Ásia (f)	Asien	['æʔɕən]
Vietnã (m)	Vietnam	['vjɛtnɑm]
Índia (f)	Indien	['endjən]
Israel (m)	Israel	[isʁɑ:əl]

China (f)	Kina	['ki:na]
Líbano (m)	Libanon	['li:banɒn]
Mongólia (f)	Mongoliet	[mʌŋgo'liəð]

Malásia (f)	Malaysia	[ma'lɑjɕiʌ]
Paquistão (m)	Pakistan	['pɑkiˌstan]

Arábia (f) Saudita	Saudi-Arabien	['sawdi ɑ'ʁɑ:bjən]
Tailândia (f)	Thailand	['tɑjlɛnˀ]
Taiwan (m)	Taiwan	['tɑjˌvæʔn]
Turquia (f)	Tyrkiet	[tyɐ̯ki:əð]
Japão (m)	Japan	['ja:pæn]
Afeganistão (m)	Afghanistan	[aw'gæʔniˌstan]
Bangladesh (m)	Bangladesh	[bɑngla'dɛɕ]

Indonésia (f)	Indonesien	[endo'neːɕən]
Jordânia (f)	Jordan	['joɐ̯dan]

Iraque (m)	Irak	['iʁɑk]
Irã (m)	Iran	['iʁɑn]

Camboja (f)	Cambodja	[kæːm'boða]
Kuwait (m)	Kuwait	[ku'vɑjt]

Laos (m)	Laos	['læːɒs]
Birmânia (f)	Myanmar	[mjanmɐ̯]
Nepal (m)	Nepal	['nepalˀ]
Emirados Árabes Unidos	Forenede Arabiske Emirater	[fʌ'enəðə a'ʁɑˀbiskə emi'ʁɑˀtʌ]

Síria (f)	Syrien	['syʁiən]
Palestina (f)	Palæstina	[palə'stinɛnə]

Coreia (f) do Sul	Sydkorea	['syð ko'ʁɛːa]
Coreia (f) do Norte	Nordkorea	['noɐ̯ ko'ʁɛːa]

151. América do Norte

Estados Unidos da América	De Forenede Stater	[di fʌ'enəðə 'stæˀtʌ]
Canadá (m)	Canada	['kanæˀda]
México (m)	Mexiko	['mɛksiko]

152. América Central do Sul

Argentina (f)	Argentina	[ɑgɛn'tiˀna]
Brasil (m)	Brasilien	[bʁa'siljən]
Colômbia (f)	Colombia	[ko'lɔmbja]

Cuba (f)	Cuba	['kuːba]
Chile (m)	Chile (i)	['tɕiːlə]

Bolívia (f)	Bolivia	[bo'livia]
Venezuela (f)	Venezuela	[venəsu'eːla]

Paraguai (m)	Paraguay	[pɑːag'wʌj]
Peru (m)	Peru	[pe'ʁuː]

Suriname (m)	Surinam	['suʁiˌnɑm]
Uruguai (m)	Uruguay	[uʁug'wɑj]
Equador (m)	Ecuador	[ekwa'doˀɐ̯]

Bahamas (f pl)	Bahamas	[ba'haˀmas]
Haiti (m)	Haiti	[hɑitiː]

República Dominicana	Dominikanske Republik	[domini'kæːnskə ʁɛpu'blik]
Panamá (m)	Panama	['panamə]
Jamaica (f)	Jamaica	[ɕa'mɑjka]

153. Africa

Egito (m)	Egypten	[ɛ'gyptən]
Marrocos	Marokko	[mɑ'roko]
Tunísia (f)	Tunis	['tu:nis]
Gana (f)	Ghana	['ganə]
Zanzibar (m)	Zanzibar	['sa:nsibɑ:]
Quênia (f)	Kenya	['kɛnja]
Líbia (f)	Libyen	['li:bjən]
Madagascar (m)	Madagaskar	[mada'gæskɑ]
Namíbia (f)	Namibia	[na'mibia]
Senegal (m)	Senegal	[se:nəgæ:l]
Tanzânia (f)	Tanzania	['tansaˌniæ]
África (f) do Sul	Sydafrika	['syð ˌafʁika]

154. Austrália. Oceania

Austrália (f)	Australien	[aw'stʁaˀljən]
Nova Zelândia (f)	New Zealand	[nju:'si:lanˀ]
Tasmânia (f)	Tasmanien	[tas'mani:ən]
Polinésia (f) Francesa	Fransk Polynesien	['fʁanˀsk poly'neˀɕən]

155. Cidades

Amesterdã, Amsterdã	Amsterdam	['amstɒˌdam]
Ancara	Ankara	['ankaˀʁa]
Atenas	Athen	[a'ti:n]
Bagdade	Bagdad	['bawdað]
Bancoque	Bangkok	['baŋkɒk]
Barcelona	Barcelona	[basə'lo:næ]
Beirute	Beirut	['bæiˀˌʁut]
Berlim	Berlin	[bæɡ'liˀn]
Bonn	Bonn	['bɔn]
Bordéus	Bordeaux	['bo'doˀ]
Bratislava	Bratislava	[bʁati'slæ:və]
Bruxelas	Bruxelles	['bʁysɛl]
Bucareste	Bukarest	['bɔka:ast]
Budapeste	Budapest	['budapɛst]
Cairo	Cairo	['kajʁo]
Calcutá	Calcutta	[kæl'kʌta]
Chicago	Chicago	[ɕi'ka:go]
Cidade do México	Mexico City	['mɛgsiko 'siti]
Copenhague	København	['købənˌhawˀn]
Dar es Salaam	Dar es-Salaam	['dɑ:ɛs saˌlɑˀm]
Deli	Delhi	[dɛ'li]

Dubai	Dubai	['dubɑj]
Dublim	Dublin	['dɒblin]
Düsseldorf	Düsseldorf	['dɯsəl̩dɒ:f]
Estocolmo	Stockholm	['stɒkhɒlm]

Florença	Firenze	[fi'ʁansə]
Frankfurt	Frankfurt	['fʁɑŋkfuɒt]
Genebra	Geneve	[ɕe'nɛ:və]
Haia	Haag	['hæʔj]
Hamburgo	Hamburg	['hæ:mbœ:g]

Hanói	Hanoi	['hanɒj]
Havana	Havanna	[hæ'vana]
Helsinque	Helsingfors	['hɛlseŋ̩fɒ:s]
Hiroshima	Hiroshima	[hiʁo'ɕi:ma]
Hong Kong	Hongkong	['hʌŋ̩kɒŋ]
Istambul	Istanbul	['istanbul]

Jerusalém	Jerusalem	[je'ʁusalɛm]
Kiev, Quieve	Kijev	['kijəw]
Kuala Lumpur	Kuala Lumpur	[ku'ala lɒm'puɒ]
Lion	Lyon	[li'ɔŋ]
Lisboa	Lissabon	['lisabɒn]

Londres	London	['lɒn̩dɔn]
Los Angeles	Los Angeles	[ˌlɒs'æŋʒələs]
Madrid	Madrid	[ma'dʁið]
Marselha	Marseille	[mɑ:'sɛj]
Miami	Miami	[mʌ'ɛmi]

Montreal	Montreal	[mɒŋtʁeel]
Moscou	Moskva	[mo'skvɛ]
Mumbai	Bombay	['bɔmbəj]
Munique	München	['muŋɕən]
Nairóbi	Nairobi	[nɑj'ʁo:bi]
Nápoles	Neapel	[nə'apəl]

Nice	Nice	['ni:s]
Nova York	New York	[nju:'jɒ:k]
Oslo	Oslo	['oslu]
Ottawa	Ottawa	['ɔ:təwə]
Paris	Paris	[pɑ'ʁi:s]

Pequim	Beijing	['bɛjdʒiŋ]
Praga	Prag	['pʁɑ:w]
Rio de Janeiro	Rio de Janeiro	['ʁi:o de ʒa'ne:jʁo]
Roma	Rom	['ʁoʔm]
São Petersburgo	Sankt Petersborg	[ˌsɑŋt 'peʔtʌsbɡ̯]
Seul	Seoul	[sœ'u:l]

Singapura	Singapore	['seŋgapɒ:]
Sydney	Sydney	['sidni]
Taipé	Taipei	['tajpæj]
Tóquio	Tokyo	['tokjo]
Toronto	Toronto	[to'ɡ̯nto]
Varsóvia	Warszawa	[wɑ'ɕæ:va]

Veneza	**Venedig**	[veˈneːdiʔ]
Viena	**Wien**	[ˈviʔn]
Washington	**Washington**	[ˈwɒɕɛntɒn]
Xangai	**Shanghai**	[ˈɕɑŋhɑj]